AF494911

PAPA FRANCISCO

Patris corde

Carta Apostólica
por ocasião do 150° aniversário
da declaração de São José
como Padroeiro da Igreja Universal

No apêndice
ANO DE SÃO JOSÉ
Decreto da Penitenciaria Apostólica
São José e os Papas
Orações ao Santo

No Apêndice:
Apêndice organizado por Giuseppe Merola

Na capa:
São José Adormecido.
Estatueta em cerâmica pintada à mão,
realizada por Brunella Malfatti.
© Foto: Libreria Editrice Vaticana

ISBN 978-88-266-0568-5

www.vatican.va

www.libreriaeditricevaticana.com

Carta Apostólica

Patris corde

por ocasião do 150º aniversário
da declaração de São José
como Padroeiro da Igreja Universal

Com coração de pai: assim José amou a Jesus, designado nos quatro evangelhos como «o filho de José».[1]

Os dois evangelistas que puseram em relevo a sua figura, Mateus e Lucas, narram pouco, mas o suficiente para fazer compreender o género de pai que era e a missão que a Providência lhe confiou.

---

[1] *Lucas* 4, 22; *João* 6, 42; cf. *Mateus* 13, 55; *Marcos* 6, 3.

Sabemos que era um humilde carpinteiro (cf. *Mt* 13, 55), desposado com Maria (cf. *Mt* 1, 18; *Lc* 1, 27); um «homem justo» (*Mt* 1, 19), sempre pronto a cumprir a vontade de Deus manifestada na sua Lei (cf. *Lc* 2, 22.27.39) e através de quatro sonhos (cf. *Mt* 1, 20; 2, 13.19.22). Depois duma viagem longa e cansativa de Nazaré a Belém, viu o Messias nascer num estábulo, «por não haver lugar para eles» (*Lc* 2, 7) noutro sítio. Foi testemunha da adoração dos pastores (cf. *Lc* 2, 8-20) e dos Magos (cf. *Mt* 2, 1-12), que representavam respetivamente o povo de Israel e os povos pagãos.

Teve a coragem de assumir a paternidade legal de Jesus, a quem deu o nome revelado pelo anjo: dar-Lhe-ás «o nome de Jesus, porque Ele salvará o povo dos seus pecados» (*Mt* 1, 21). Entre os povos antigos, como se sabe, dar o nome a uma pessoa ou a uma coisa significava conseguir um título de pertença, como fez Adão na narração do Génesis (cf. 2, 19-20).

No Templo, quarenta dias depois do nascimento, José – juntamente com a mãe – ofereceu o Menino ao Senhor e ouviu, surpreendido, a profecia que Simeão fez a respeito de Jesus e Maria (cf. *Lc* 2, 22-35). Para defender Jesus de Herodes, residiu como forasteiro no Egito (cf. *Mt* 2, 13-18). Regressado à pátria, viveu

no recôndito da pequena e ignorada cidade de Nazaré, na Galileia – donde (dizia-se) «não sairá nenhum
profeta» (*Jo* 7, 52), nem «poderá vir alguma coisa
boa» (*Jo* 1, 46) –, longe de Belém, a sua cidade natal,
e de Jerusalém, onde se erguia o Templo. Foi precisamente durante uma peregrinação a Jerusalém que
perderam Jesus (tinha ele doze anos) e José e Maria,
angustiados, andaram à sua procura, acabando por
encontrá-Lo três dias mais tarde no Templo discutindo com os doutores da Lei (cf. *Lc* 2, 41-50).

Depois de Maria, a Mãe de Deus, nenhum Santo
ocupa tanto espaço no magistério pontifício como
José, seu esposo. Os meus antecessores aprofundaram a mensagem contida nos poucos dados transmitidos pelos Evangelhos para realçar ainda mais o seu
papel central na história da salvação: o Beato Pio IX
declarou-o «Padroeiro da Igreja Católica»,[2] o Venerável Pio XII apresentou-o como «Padroeiro dos
operários»;[3] e São João Paulo II, como «Guardião

---

[2] Sacra Congr. dos Ritos, *Quemadmodum Deus* (8 de dezembro
de 1870): *ASS* 6 (1870-71), 194.

[3] Cf. *Discurso às Associações Cristãs dos Trabalhadores Italianos
(ACLI) por ocasião da Solenidade de São José Operário* (1 de maio de
1955): *AAS* 47 (1955), 406.

do Redentor».[4] O povo invoca-o como «padroeiro da boa morte.[5]

Assim ao completarem-se 150 anos da sua declaração como *Padroeiro da Igreja Católica*, feita pelo Beato Pio IX a 8 de dezembro de 1870, gostaria de deixar «a boca – como diz Jesus – falar da abundância do coração» (*Mt* 12, 34), para partilhar convosco algumas reflexões pessoais sobre esta figura extraordinária, tão próxima da condição humana de cada um de nós. Tal desejo foi crescendo ao longo destes meses de pandemia em que pudemos experimentar, no meio da crise que nos afeta, que «as nossas vidas são tecidas e sustentadas por pessoas comuns (habitualmente esquecidas), que não aparecem nas manchetes dos jornais e revistas, nem nas grandes passarelas do último espetáculo, mas que hoje estão, sem dúvida, a escrever os acontecimentos decisivos da nossa história: médicos, enfermeiras e enfermeiros, trabalhadores dos supermercados, pessoal da limpeza, curadores, transportadores, forças policiais, voluntários, sacerdotes, religiosas e muitos –

---

[4] Cf. Exort. ap. *Redemptoris custos* (15 de agosto de 1989): *AAS* 82 (1990), 5-34.

[5] *Catecismo da Igreja Católica*, 1014.

mas muitos – outros que compreenderam que ninguém se salva sozinho. (…) Quantas pessoas dia a dia exercitam a paciência e infundem esperança, tendo a peito não semear pânico, mas corresponsabilidade! Quantos pais, mães, avôs e avós, professores mostram às nossas crianças, com pequenos gestos do dia a dia, como enfrentar e atravessar uma crise, readaptando hábitos, levantando o olhar e estimulando a oração! Quantas pessoas rezam, se imolam e intercedem pelo bem de todos».[6] Todos podem encontrar em São José – o homem que passa despercebido, o homem da presença quotidiana discreta e escondida – um intercessor, um amparo e uma guia nos momentos de dificuldade. São José lembra-nos que todos aqueles que estão, aparentemente, escondidos ou em segundo plano, têm um protagonismo sem paralelo na história da salvação. A todos eles, dirijo uma palavra de reconhecimento e gratidão.

1. *Pai amado*

A grandeza de São José consiste no facto de ter sido o esposo de Maria e o pai de Jesus. Como tal,

---

[6] Francisco, *Meditação em tempo de pandemia* (27 de março de 2020): *L'Osservatore Romano* (29/III/2020), 10.

afirma São João Crisóstomo, «colocou-se inteiramente ao serviço do plano salvífico».[7]

São Paulo VI faz notar que a sua paternidade se exprimiu, concretamente, «em ter feito da sua vida um serviço, um sacrifício, ao mistério da encarnação e à conjunta missão redentora; em ter usado da autoridade legal que detinha sobre a Sagrada Família para lhe fazer dom total de si mesmo, da sua vida, do seu trabalho; em ter convertido a sua vocação humana ao amor doméstico na oblação sobre-humana de si mesmo, do seu coração e de todas as capacidades no amor colocado ao serviço do Messias nascido na sua casa».[8]

Por este seu papel na história da salvação, São José é um pai que foi sempre amado pelo povo cristão, como prova o facto de lhe terem sido dedicadas numerosas igrejas por todo o mundo; de muitos institutos religiosos, confrarias e grupos eclesiais se terem inspirado na sua espiritualidade e adotado o seu nome; e de, há séculos, se realizarem em sua honra várias representações sacras. Muitos Santos e Santas

[7] *Homiliæ in Matthæum*, V, 3: *PG* 57, 58.
[8] *Homilia* (19 de março de 1966): *Insegnamenti di Paolo VI*, IV (1966), 110.

8

foram seus devotos apaixonados, entre os quais se conta Teresa de Ávila que o adotou como advogado e intercessor, recomendando-se instantemente a São José e recebendo todas as graças que lhe pedia; animada pela própria experiência, a Santa persuadia os outros a serem igualmente devotos dele.[9]

Em todo o manual de orações, há sempre alguma a São José. São-lhe dirigidas invocações especiais todas as quartas-feiras e, de forma particular, durante o mês de março inteiro, tradicionalmente dedicado a ele.[10]

A confiança do povo em São José está contida na expressão «*ite ad Joseph*», que faz referência ao período de carestia no Egito, quando o povo pedia pão

---

[9] Cf. *Livro da Vida*, 6, 6-8.

[10] Todos os dias, há mais de quarenta anos, depois das Laudes, recito uma oração a São José tirada dum livro francês de devoções, do século XIX, da Congregação das Religiosas de Jesus e Maria, que expressa devoção, confiança e um certo desafio a São José: «Glorioso Patriarca São José, cujo poder consegue tornar possíveis as coisas impossíveis, vinde em minha ajuda nestes momentos de angústia e dificuldade. Tomai sob a vossa proteção as situações tão graves e difíceis que Vos confio, para que obtenham uma solução feliz. Meu amado Pai, toda a minha confiança está colocada em Vós. Que não se diga que eu Vos invoquei em vão, e dado que tudo podeis junto de Jesus e Maria, mostrai-me que a vossa bondade é tão grande como o vosso poder. Amen».

ao Faraó e ele respondia: «Ide ter com José; fazei o que ele vos disser» (*Gn* 41, 55). Tratava-se de José, filho de Jacob, que acabara vendido, vítima da inveja dos seus irmãos (cf. *Gn* 37, 11-28); e posteriormente – segundo a narração bíblica – tornou-se vice-rei do Egito (cf. *Gn* 41, 41-44).

Enquanto descendente de David (cf. *Mt* 1, 16.20), de cuja raiz deveria nascer Jesus segundo a promessa feita ao rei pelo profeta Natan (cf. *2 Sam* 7), e como esposo de Maria de Nazaré, São José constitui a dobradiça que une o Antigo e o Novo Testamento.

2. *Pai na ternura*

Dia após dia, José via Jesus crescer «em sabedoria, em estatura e em graça, diante de Deus e dos homens» (*Lc* 2, 52). Como o Senhor fez com Israel, assim ele ensinou Jesus a andar, segurando-O pela mão: era para Ele como o pai que levanta o filho contra o seu rosto, inclinava-se para Ele a fim de Lhe dar de comer (cf. *Os* 11, 3-4).

Jesus viu a ternura de Deus em José: «Como um pai se compadece dos filhos, assim o Senhor Se compadece dos que O temem» (*Sal* 103, 13).

Com certeza, José terá ouvido ressoar na sinagoga, durante a oração dos Salmos, que o Deus de Israel é um Deus de ternura,[11] que é bom para com todos e «a sua ternura repassa todas as suas obras» (*Sal* 145, 9).

A história da salvação realiza-se, «na esperança para além do que se podia esperar» (*Rm* 4, 18), através das nossas fraquezas. Muitas vezes pensamos que Deus conta apenas com a nossa parte boa e vitoriosa, quando, na verdade, a maior parte dos seus desígnios se cumpre através e apesar da nossa fraqueza. Isto mesmo permite a São Paulo dizer: «Para que não me enchesse de orgulho, foi-me dado um espinho na carne, um anjo de Satanás, para me ferir, a fim de que não me orgulhasse. A esse respeito, três vezes pedi ao Senhor que o afastasse de mim. Mas Ele respondeu-me: "Basta-te a minha graça, porque a força manifesta-se na fraqueza"» (*2 Cor* 12, 7-9).

Se esta é a perspetiva da economia da salvação, devemos aprender a aceitar, com profunda ternura, a nossa fraqueza.[12]

O Maligno faz-nos olhar para a nossa fragilidade com um juízo negativo, ao passo que o Espírito trá-la à luz com ternura. A ternura é a melhor forma

---

[11] Cf. *Deuteronómio* 4, 31; *Salmo* 69, 17; 78, 38; 86, 5; 111, 4; 116, 5; *Jeremias* 31, 20.

[12] Cf. Francisco, Exort. ap. *Evangelii gaudium* (24 de novembro de 2013), 88; 288: *AAS* 105 (2013) 1057; 1136-1137.

para tocar o que há de frágil em nós. Muitas vezes o dedo em riste e o juízo que fazemos a respeito dos outros são sinal da incapacidade de acolher dentro de nós mesmos a nossa própria fraqueza, a nossa fragilidade. Só a ternura nos salvará da obra do Acusador (cf. *Ap* 12, 10). Por isso, é importante encontrar a Misericórdia de Deus, especialmente no sacramento da Reconciliação, fazendo uma experiência de verdade e ternura. Paradoxalmente, também o Maligno pode dizer-nos a verdade, mas, se o faz, é para nos condenar. Entretanto nós sabemos que a Verdade vinda de Deus não nos condena, mas acolhe-nos, abraça-nos, ampara-nos, perdoa-nos. A Verdade apresenta-se-nos sempre como o Pai misericordioso da parábola (cf. *Lc* 15, 11-32): vem ao nosso encontro, devolve-nos a dignidade, levanta-nos, ordena uma festa para nós, dando como motivo que «este meu filho estava morto e reviveu, estava perdido e foi encontrado» (*Lc* 15, 24).

A vontade de Deus, a sua história e o seu projeto passam também através da angústia de José. Assim ele ensina-nos que ter fé em Deus inclui também acreditar que Ele pode intervir inclusive através dos nossos medos, das nossas fragilidades, da nossa fraqueza. E ensina-nos que, no meio das tempestades da vida, não devemos ter medo de deixar a Deus o timão da nossa barca. Por vezes queremos controlar tudo, mas o olhar d'Ele vê sempre mais longe.

3. *Pai na obediência*

De forma análoga a quanto fez Deus com Maria, manifestando-Lhe o seu plano de salvação, também revelou a José os seus desígnios por meio de sonhos, que na Bíblia, como em todos os povos antigos, eram considerados um dos meios pelos quais Deus manifesta a sua vontade.[13]

José sente uma angústia imensa com a gravidez incompreensível de Maria: mas não quer «difamá-la»,[14] e decide «deixá-la secretamente» (*Mt* 1, 19). No primeiro sonho, o anjo ajuda-o a resolver o seu grave dilema: «Não temas receber Maria, tua esposa, pois o que Ela concebeu é obra do Espírito Santo. Ela dará à luz um filho, ao qual darás o nome de Jesus, porque Ele salvará o povo dos seus pecados» (*Mt* 1, 20-21). A sua resposta foi imediata: «Despertando do sono, José fez como lhe ordenou o anjo» (*Mt* 1, 24). Com a obediência, superou o seu drama e salvou Maria.

---

[13] Cf. *Génesis* 20, 3; 28, 12; 31, 11.24; 40, 8; 41, 1-32; *Números* 12, 6; *I Samuel* 3, 3-10; *Daniel* 2; 4; *Job* 33, 15.

[14] Também nestes casos, estava prevista a lapidação (cf. *Deuteronómio* 22, 20-21).

No segundo sonho, o anjo dá esta ordem a José: «Levanta-te, toma o menino e sua mãe, foge para o Egito e fica lá até que eu te avise, pois Herodes procurará o menino para o matar» (*Mt* 2, 13). José não hesitou em obedecer, sem se questionar sobre as dificuldades que encontraria: «E ele levantou-se de noite, tomou o menino e sua mãe e partiu para o Egito, permanecendo ali até à morte de Herodes» (*Mt* 2, 14-15).

No Egito, com confiança e paciência, José esperou do anjo o aviso prometido para voltar ao seu país. Logo que o mensageiro divino, num terceiro sonho – depois de o informar que tinham morrido aqueles que procuravam matar o menino –, lhe ordena que se levante, tome consigo o menino e sua mãe e regresse à terra de Israel (cf. *Mt* 2, 19-20), de novo obedece sem hesitar: «Levantando-se, ele tomou o menino e sua mãe e voltou para a terra de Israel» (*Mt* 2, 21).

Durante a viagem de regresso, porém, «tendo ouvido dizer que Arquelau reinava na Judeia, em lugar de Herodes, seu pai, teve medo de ir para lá. Então advertido em sonhos – e é a quarta vez que acontece – retirou-se para a região da Galileia e foi morar numa cidade chamada Nazaré» (*Mt* 2, 22-23).

Por sua vez, o evangelista Lucas refere que José enfrentou a longa e incómoda viagem de Nazaré a

Belém, devido à lei do imperador César Augusto relativa ao recenseamento, que impunha a cada um registar-se na própria cidade de origem. E foi precisamente nesta circunstância que nasceu Jesus (cf. 2, 1-7), sendo inscrito no registo do Império, como todos os outros meninos.

São Lucas, de modo particular, tem o cuidado de assinalar que os pais de Jesus observavam todas as prescrições da Lei: os ritos da circuncisão de Jesus, da purificação de Maria depois do parto, da oferta do primogénito a Deus (cf. 2, 21-24).[15]

Em todas as circunstâncias da sua vida, José soube pronunciar o seu «*fiat*», como Maria na Anunciação e Jesus no Getsémani.

Na sua função de chefe de família, José ensinou Jesus a ser submisso aos pais (cf. *Lc* 2, 51), segundo o mandamento de Deus (cf. *Ex* 20, 12).

Ao longo da vida oculta em Nazaré, na escola de José, Ele aprendeu a fazer a vontade do Pai. Tal vontade torna-se o seu alimento diário (cf. *Jo* 4, 34). Mesmo no momento mais difícil da sua vida, vivido no Getsémani, preferiu que se cumprisse a vontade do

---

[15] Cf. *Levítico* 12, 1-8; *Êxodo* 13, 2.

Pai, e não a sua,[16] fazendo-Se «obediente até à morte (…) de cruz» (*Flp* 2, 8). Por isso, o autor da Carta aos Hebreus conclui que Jesus «aprendeu a obediência por aquilo que sofreu» (5, 8).

Vê-se, a partir de todas estas vicissitudes, que «José foi chamado por Deus para servir diretamente a Pessoa e a missão de Jesus, mediante o exercício da sua paternidade: desse modo, precisamente, ele coopera no grande mistério da Redenção, quando chega a plenitude dos tempos, e é verdadeiramente ministro da salvação».[17]

4. *Pai no acolhimento*

José acolhe Maria, sem colocar condições prévias. Confia nas palavras do anjo. «A nobreza do seu coração fá-lo subordinar à caridade aquilo que aprendera com a lei; e hoje, neste mundo onde é patente a violência psicológica, verbal e física contra a mulher, José apresenta-se como figura de homem respeitoso, delicado que, mesmo não dispondo de todas as informações, se decide pela honra, dignidade e vida de Maria. E, na sua dúvida sobre o melhor

---

[16] Cf. *Mateus* 26, 39; *Marcos* 14, 36; *Lucas* 22, 42.

[17] São João Paulo II, Exort. ap. *Redemptoris custos* (15 de agosto de 1989), 8: *AAS* 82 (1990), 14.

16

a fazer, Deus ajudou-o a escolher iluminando o seu discernimento».[18]

Na nossa vida, muitas vezes sucedem coisas, cujo significado não entendemos. E a nossa primeira reação, frequentemente, é de desilusão e revolta. Diversamente, José deixa de lado os seus raciocínios para dar lugar ao que sucede e, por mais misterioso que possa aparecer a seus olhos, acolhe-o, assume a sua responsabilidade e reconcilia-se com a própria história. Se não nos reconciliarmos com a nossa história, não conseguiremos dar nem mais um passo, porque ficaremos sempre reféns das nossas expectativas e consequentes desilusões.

A vida espiritual que José nos mostra, não é um caminho que *explica*, mas um caminho que *acolhe*. Só a partir deste acolhimento, desta reconciliação, é possível intuir também uma história mais excelsa, um significado mais profundo. Parecem ecoar as palavras inflamadas de Job, quando, desafiado pela esposa a rebelar-se contra todo o mal que lhe está a acontecer, responde: «Se recebemos os bens da mão de Deus, não aceitaremos também os males?» (*Job* 2, 10).

---

[18] Francisco, *Homilia na Santa Missa com Beatificações* (Villavicencio – Colômbia, 8 de setembro de 2017): *AAS* 109 (2017), 1061.

José não é um homem resignado passivamente. O seu protagonismo é corajoso e forte. O acolhimento é um modo pelo qual se manifesta, na nossa vida, o dom da fortaleza que nos vem do Espírito Santo. Só o Senhor nos pode dar força para acolher a vida como ela é, aceitando até mesmo as suas contradições, imprevistos e desilusões.

A vinda de Jesus ao nosso meio é um dom do Pai, para que cada um se reconcilie com a carne da sua história, mesmo quando não a compreende totalmente.

O que Deus disse ao nosso Santo – «José, Filho de David, não temas…» (*Mt* 1, 20) –, parece repeti-lo a nós também: «Não tenhais medo!» É necessário deixar de lado a ira e a desilusão para – movidos não por qualquer resignação mundana, mas com uma fortaleza cheia de esperança – dar lugar àquilo que não escolhemos e, todavia, existe. Acolher a vida desta maneira introduz-nos num significado oculto. A vida de cada um de nós pode recomeçar miraculosamente, se encontrarmos a coragem de a viver segundo aquilo que nos indica o Evangelho. E não importa se tudo parece ter tomado já uma direção errada, e se algumas coisas já são irreversíveis. Deus pode fazer brotar flores no meio das rochas. E mesmo que o nosso coração nos censure de qualquer coisa, Ele «é maior que o nosso coração e conhece tudo» (*1 Jo* 3, 20).

Reaparece aqui o realismo cristão, que não deita fora nada do que existe. A realidade, na sua misteriosa persistência e complexidade, é portadora dum sentido da existência com as suas luzes e sombras. É isto que leva o apóstolo Paulo a dizer: «Sabemos que tudo contribui para o bem daqueles que amam a Deus» (*Rm* 8, 28). E Santo Agostinho acrescenta: tudo, «incluindo aquilo que é chamado mal».[19] Nesta perspetiva global, a fé dá significado a todos os acontecimentos, sejam eles felizes ou tristes.

Assim, longe de nós pensar que crer signifique encontrar fáceis soluções consoladoras. Antes, pelo contrário, a fé que Cristo nos ensinou é a que vemos em São José, que não procura atalhos, mas enfrenta de olhos abertos aquilo que lhe acontece, assumindo pessoalmente a responsabilidade por isso.

O acolhimento de José convida-nos a receber os outros, sem exclusões, tal como são, reservando uma predileção especial pelos mais frágeis, porque Deus es-

---

[19] «*… etiam illud quod malum dicitur*», in *Enchiridion de fide, spe et caritate*, 3.11: *PL* 40, 236.

colhe o que é frágil (cf. *1 Cor* 1, 27), é «pai dos órfãos e defensor das viúvas» (*Sal* 68, 6) e manda amar o forasteiro.[20] Posso imaginar ter sido do procedimento de José que Jesus tirou inspiração para a parábola do filho pródigo e do pai misericordioso (cf. *Lc* 15, 11-32).

5. *Pai com coragem criativa*

Se a primeira etapa de toda a verdadeira cura interior é acolher a própria história, ou seja, dar espaço no nosso íntimo até mesmo àquilo que não escolhemos na nossa vida, convém acrescentar outra caraterística importante: a coragem criativa. Esta vem ao de cima sobretudo quando se encontram dificuldades. Com efeito, perante uma dificuldade, pode-se estacar e abandonar o campo, ou tentar vencê-la de algum modo. Às vezes, são precisamente as dificuldades que fazem sair de cada um de nós recursos que nem pensávamos ter.

Frequentemente, ao ler os «Evangelhos da Infância», apetece-nos perguntar por que motivo Deus não interveio de forma direta e clara. Porque Deus intervém por meio de acontecimentos e pessoas: José é o homem por meio de quem Deus cuida dos primórdios

---

[20] Cf. *Deuteronómio* 10, 19; *Êxodo* 22, 20-22; *Lucas* 10, 29-37.

da história da redenção; é o verdadeiro «milagre», pelo qual Deus salva o Menino e sua mãe. O Céu intervém, confiando na coragem criativa deste homem que, tendo chegado a Belém e não encontrando alojamento onde Maria possa dar à luz, arranja um estábulo e prepara-o de modo a tornar-se o lugar mais acolhedor possível para o Filho de Deus, que vem ao mundo (cf. *Lc* 2, 6-7). Face ao perigo iminente de Herodes, que quer matar o Menino, de novo em sonhos José é alertado para O defender e, no coração da noite, organiza a fuga para o Egito (cf. *Mt* 2, 13-14).

Numa leitura superficial destas narrações, a impressão que se tem é a de que o mundo está à mercê dos fortes e poderosos, mas a «boa notícia» do Evangelho consiste precisamente em mostrar como, não obstante a arrogância e a violência dos dominadores terrenos, Deus encontra sempre a forma de realizar o seu plano de salvação. Às vezes também a nossa vida parece à mercê dos poderes fortes, mas o Evangelho diz-nos que Deus consegue sempre salvar aquilo que conta, desde que usemos a mesma coragem criativa do carpinteiro de Nazaré, o qual sabe transformar um problema numa oportunidade, antepondo sempre a sua confiança na Providência.

Se, em determinadas situações, parece que Deus não nos ajuda, isso não significa que nos tenha abandonado, mas que confia em nós com aquilo que podemos projetar, inventar, encontrar.

Trata-se da mesma coragem criativa demonstrada pelos amigos do paralítico que, desejando levá-lo à presença de Jesus, fizeram-no descer pelo teto (cf. *Lc* 5, 17-26). A dificuldade não deteve a audácia e obstinação daqueles amigos. Estavam convencidos de que Jesus podia curar o doente e, «não achando por onde introduzi-lo, devido à multidão, subiram ao teto e, através das telhas, desceram-no com a enxerga, para o meio, em frente de Jesus. Vendo a fé daqueles homens, disse: "Homem, os teus pecados estão perdoados"» (5, 19-20). Jesus reconhece a fé criativa com que aqueles homens procuram trazer-Lhe o seu amigo doente.

O Evangelho não dá informações relativas ao tempo que Maria, José e o Menino permaneceram no Egito. Mas certamente tiveram de comer, encontrar uma casa, um emprego. Não é preciso muita imaginação para colmatar o silêncio do Evangelho a tal respeito. A Sagrada Família teve que enfrentar problemas concretos, como todas as outras famílias, como muitos dos nossos irmãos migrantes que ainda hoje arriscam a vida acossados pelas desventuras e a fome. Neste sentido, creio que São José seja verdadeiramente um padroeiro especial para quantos têm que deixar a sua terra por causa das guerras, do ódio, da perseguição e da miséria.

No fim de cada acontecimento que tem José como protagonista, o Evangelho observa que ele se levanta, toma consigo o Menino e sua mãe e faz o que Deus lhe ordenou (cf. *Mt* 1, 24; 2, 14.21). Com efeito, Jesus e Maria, sua mãe, são o tesouro mais precioso da nossa fé.[21]

No plano da salvação, o Filho não pode ser separado da Mãe, d'Aquela que «avançou pelo caminho da fé, mantendo fielmente a união com seu Filho até à cruz».[22]

Sempre nos devemos interrogar se estamos a proteger com todas as nossas forças Jesus e Maria, que misteriosamente estão confiados à nossa responsabilidade, ao nosso cuidado, à nossa guarda. O Filho do Todo-Poderoso vem ao mundo, assumindo uma condição de grande fragilidade. Necessi-

---

[21] Cf. Sacra Congr. dos Ritos, *Quemadmodum Deus* (8 de dezembro de 1870): *ASS* 6 (1870-71), 193; Beato Pio IX, Carta ap. *Inclytum Patriarcham* (7 de julho de 1871): *ASS* 6 (1870-71), 324-327.
[22] Conc. Ecum. Vat. II, Const. dogm. *Lumen gentium*, 58.

ta de José para ser defendido, protegido, cuidado e criado. Deus confia neste homem, e o mesmo faz Maria que encontra em José aquele que não só Lhe quer salvar a vida, mas sempre A sustentará a Ela e ao Menino. Neste sentido, São José não pode deixar de ser o Guardião da Igreja, porque a Igreja é o prolongamento do Corpo de Cristo na história e ao mesmo tempo, na maternidade da Igreja, espelha-se a maternidade de Maria.[23] José, continuando a proteger a Igreja, continua a proteger *o Menino e sua mãe*; e também nós, amando a Igreja, continuamos a amar *o Menino e sua mãe*.

Este Menino é Aquele que dirá: «Sempre que fizestes isto a um destes meus irmãos mais pequeninos, a Mim mesmo o fizestes» (*Mt* 25, 40). Assim, todo o necessitado, pobre, atribulado, moribundo, forasteiro, recluso, doente são «o Menino» que José continua a guardar. Por isso mesmo, São José é invocado como protetor dos miseráveis, necessitados, exilados, aflitos, pobres, moribundos. E pela mesma razão a Igreja não pode deixar de amar em primeiro lugar os últimos, porque Jesus conferiu-lhes a preferência ao identificar-Se pessoalmente com eles. De José, deve-

---

[23] Cf. *Catecismo da Igreja Católica*, 963-970.

24

mos aprender o mesmo cuidado e responsabilidade: amar o Menino e sua mãe; amar os Sacramentos e a caridade; amar a Igreja e os pobres. Cada uma destas realidades é sempre *o Menino e sua mãe*.

6. *Pai trabalhador*

Um aspeto que carateriza São José – e tem sido evidenciado desde os dias da primeira encíclica social, a *Rerum novarum* de Leão XIII – é a sua relação com o trabalho. São José era um carpinteiro que trabalhou honestamente para garantir o sustento da sua família. Com ele, Jesus aprendeu o valor, a dignidade e a alegria do que significa comer o pão fruto do próprio trabalho.

Neste nosso tempo em que o trabalho parece ter voltado a constituir uma urgente questão social e o desemprego atinge por vezes níveis impressionantes, mesmo em países onde se experimentou durante várias décadas um certo bem-estar, é necessário tomar renovada consciência do significado do trabalho que dignifica e do qual o nosso Santo é patrono e exemplo.

O trabalho torna-se participação na própria obra da salvação, oportunidade para apressar a vinda do Reino, desenvolver as próprias potencialidades e qualidades, colocando-as ao serviço da sociedade e da comunhão; o trabalho torna-se uma oportunidade de realização não só para o próprio trabalhador, mas sobretudo para aquele núcleo originário da sociedade que é a família. Uma família onde falte o trabalho está mais exposta a dificuldades, tensões, fraturas e até mesmo à desesperada e desesperadora tentação da dissolução. Como poderemos falar da dignidade humana sem nos empenharmos por que todos, e cada um, tenham a possibilidade dum digno sustento?

A pessoa que trabalha, seja qual for a sua tarefa, colabora com o próprio Deus, torna-se em certa medida criadora do mundo que a rodeia. A crise do nosso tempo, que é económica, social, cultural e espiritual, pode constituir para todos um apelo a redescobrir o valor, a importância e a necessidade do trabalho para dar origem a uma nova «normalidade», em que ninguém seja excluído. O trabalho de São José lembra-nos que o próprio Deus feito homem não desdenhou o trabalho. A perda de trabalho que afeta tantos irmãos e irmãs e tem aumentado nos últimos meses devido à pandemia de Covid-19, deve ser um apelo a revermos as nossas prioridades. Peçamos a São José Operário que encontremos vias onde nos possamos comprometer até se dizer: nenhum jovem, nenhuma pessoa, nenhuma família sem trabalho!

O escritor polaco Jan Dobraczyński, no seu livro *A Sombra do Pai*,[24] narrou a vida de São José em forma de romance. Com a sugestiva imagem da sombra, apresenta a figura de José, que é, para Jesus, a sombra na terra do Pai celeste: guarda-O, protege-O, segue os seus passos sem nunca se afastar d'Ele. Lembra o que Moisés dizia a Israel: «Neste deserto (…) vistes o Senhor, vosso Deus, conduzir-vos como um pai conduz o seu filho, durante toda a caminhada que fizeste até chegar a este lugar» (*Dt* 1, 31). Assim José exerceu a paternidade durante toda a sua vida.[25]

Não se nasce pai, torna-se tal... E não se torna pai, apenas porque se colocou no mundo um filho, mas porque se cuida responsavelmente dele. Sempre que alguém assume a responsabilidade pela vida de outrem, em certo sentido exercita a paternidade a seu respeito.

Na sociedade atual, muitas vezes os filhos parecem ser órfãos de pai. A própria Igreja de hoje precisa de pais. Continua atual a advertência dirigida por

---

[24] Edição original: *Cień Ojca* (Varsóvia 1977).

[25] Cf. São João Paulo II, Exort. ap. *Redemptoris custos* (15 de agosto de 1989), 7-8: *AAS* 82 (1990), 12-16.

São Paulo aos Coríntios: «Ainda que tivésseis dez mil pedagogos em Cristo, não teríeis muitos pais» (*1 Cor* 4, 15); e cada sacerdote ou bispo deveria poder acrescentar como o Apóstolo: «Fui eu que vos gerei em Cristo Jesus, pelo Evangelho» (4, 15). E aos Gálatas diz: «Meus filhos, por quem sinto outra vez dores de parto, até que Cristo se forme entre vós!» (*Gl* 4, 19).

Ser pai significa introduzir o filho na experiência da vida, na realidade. Não segurá-lo, nem prendê-lo, nem subjugá-lo, mas torná-lo capaz de opções, de liberdade, de partir. Talvez seja por isso que a tradição, referindo-se a José, ao lado do apelido de pai colocou também o de «castíssimo». Não se trata duma indicação meramente afetiva, mas é a síntese duma atitude que exprime o contrário da posse. A castidade é a liberdade da posse em todos os campos da vida. Um amor só é verdadeiramente tal, quando é casto. O amor que quer possuir, acaba sempre por se tornar perigoso: prende, sufoca, torna infeliz. O próprio Deus amou o homem com amor casto, deixando-o livre inclusive de errar e opor-se a Ele. A lógica do amor é sempre uma lógica de liberdade, e José soube amar de maneira extraordinariamente livre. Nunca se colocou a si mesmo no centro; soube descentralizar-se, colocar Maria e Jesus no centro da sua vida.

28

A felicidade de José não se situa na lógica do sacrifício de si mesmo, mas na lógica do dom de si mesmo. Naquele homem, nunca se nota frustração, mas apenas confiança. O seu silêncio persistente não inclui lamentações, mas sempre gestos concretos de confiança. O mundo precisa de pais, rejeita os dominadores, isto é, rejeita quem quer usar a posse do outro para preencher o seu próprio vazio; rejeita aqueles que confundem autoridade com autoritarismo, serviço com servilismo, confronto com opressão, caridade com assistencialismo, força com destruição. Toda a verdadeira vocação nasce do dom de si mesmo, que é a maturação do simples sacrifício. Mesmo no sacerdócio e na vida consagrada, requer-se este género de maturidade. Quando uma vocação matrimonial, celibatária ou virginal não chega à maturação do dom de si mesmo, detendo-se apenas na lógica do sacrifício, então, em vez de significar a beleza e a alegria do amor, corre o risco de exprimir infelicidade, tristeza e frustração.

A paternidade, que renuncia à tentação de decidir a vida dos filhos, sempre abre espaços para o inédito. Cada filho traz sempre consigo um mistério, algo de inédito que só pode ser revelado com a ajuda dum pai que respeite a sua liberdade. Um pai sente que completou a sua ação educativa e viveu plenamente a paternidade, apenas quando se tornou «inútil», quando vê que o filho se torna autónomo e caminha sozinho pelas sendas da vida, quando se coloca na situação de José, que sempre soube que aquele Menino não era seu: fora simplesmente confiado aos seus cuidados. No fundo, é isto mesmo que dá a entender Jesus quando afirma: «Na terra, a ninguém chameis "Pai", porque um só é o vosso "Pai", aquele que está no Céu» (*Mt* 23, 9).

Todas as vezes que nos encontramos na condição de exercitar a paternidade, devemos lembrar-nos que nunca é exercício de posse, mas «sinal» que remete para uma paternidade mais alta. Em certo sentido, estamos sempre todos na condição de José: sombra do único Pai celeste, que «faz com que o sol se levante sobre os bons e os maus, e faz cair a chuva sobre os justos e os pecadores» (*Mt* 5, 45); e sombra que acompanha o Filho.

✳✳✳

«Levanta-te, toma o menino e sua mãe» (*Mt* 2, 13): diz o anjo da parte de Deus a são José.

O objetivo desta carta apostólica é aumentar o amor por este grande Santo, para nos sentirmos impelidos a implorar a sua intercessão e para imitarmos as suas virtudes e o seu desvelo.

Com efeito, a missão específica dos Santos não é apenas a de conceder milagres e graças, mas de interceder por nós diante de Deus, como fizeram Abraão[26] e Moisés,[27] como faz Jesus, «único mediador» (*1 Tm* 2, 5), que junto de Deus Pai é o nosso «advogado» (*1 Jo* 2, 1), «vivo para sempre, a fim de interceder por [nós]» (*Heb* 7, 25; cf. *Rm* 8, 34).

Os Santos ajudam todos os fiéis «a tender à santidade e perfeição do próprio estado».[28] A sua vida é uma prova concreta de que é possível viver o Evangelho.

À semelhança de Jesus que disse: «Aprendei de Mim, porque sou manso e humilde de coração» (*Mt* 11, 29), também os Santos são exemplos de vida que havemos de imitar. A isto nos exorta explicitamente São Paulo: «Rogo-vos, pois, que sejais meus imitadores» (*1 Cor* 4, 16).[29] O mesmo nos diz São José através do seu silêncio eloquente.

Estimulado com o exemplo de tantos Santos e Santas diante dos olhos, Santo Agostinho interroga-

---

[26] Cf. *Génesis* 18, 23-32.

[27] Cf. *Êxodo* 17, 8-13; 32, 30-35.

[28] Conc. Ecum. Vat. II, Const. dogm. *Lumen gentium*, 42.

[29] Cf. *I Coríntios* 11, 1; *Filipenses* 3, 17; *I Tessalonicenses* 1, 6.

va-se: «Então não poderás fazer o que estes e estas fizeram?» E, assim, chegou à conversão definitiva exclamando: «Tarde Vos amei, ó Beleza tão antiga e tão nova, tarde Vos amei!».[30]

Só nos resta implorar, de São José, a graça das graças: a nossa conversão.

Dirijamos-lhe a nossa oração:

Salve, guardião do Redentor
e esposo da Virgem Maria!
A vós, Deus confiou o seu Filho;
em vós, Maria depositou a sua confiança;
convosco, Cristo tornou-Se homem.
Ó Bem-aventurado José, mostrai-vos pai também para nós
e guiai-nos no caminho da vida.
Alcançai-nos graça, misericórdia e coragem,
e defendei-nos de todo o mal. Amen.

Roma, em São João de Latrão, na Solenidade da Imaculada Conceição da Bem-Aventurada Virgem Maria, 8 de dezembro do ano de 2020, oitavo do meu pontificado.

Francisco

---

[30] *Confissões*, 8,11,17; 10,27,38: *PL* 32, 761; 795.

Ano de São José

DECRETO

Concede-se o dom de especiais Indulgências por ocasião do Ano Jubilar em honra de São José, promulgado pelo Sumo Pontífice Francisco para celebrar dignamente o 150º aniversário da proclamação de São José como Patrono da Igreja Universal.

Ocorre hoje o 150º aniversário do Decreto *Quemadmodum Deus*, com o qual o Beato Pio IX, movido pelas graves e lutuosas circunstâncias em que se encontrava a Igreja, insidiada pela hostilidade dos homens, declarou São José Patrono da Igreja Católica.

A fim de perpetuar a confiança de toda a Igreja no poderosíssimo patrocínio do Guardião do Menino Jesus, o Papa Francisco estabeleceu que, a partir de hoje, aniversário do Decreto de proclamação bem como dia dedicado à Bem-aventurada Virgem Imaculada e Esposa do castíssimo José, até 8 de dezembro de 2021, seja celebrado um especial Ano de São José, em que todos os fiéis, seguindo o seu exemplo, possam reforçar em cada dia a sua vida de fé no pleno cumprimento da vontade de Deus.

Todos os fiéis poderão assim, com o auxílio de São José, guarda da Sagrada Família de Nazaré, mediante orações e boas obras, obter conforto e alívio das graves tribulações humanas e sociais que afligem o nosso tempo.

A devoção ao Guardião do Redentor desenvolveu-se amplamente ao longo da história da Igreja, que não só lhe tributou um culto eminente, inferior apenas ao prestado à Mãe de Deus, sua Esposa, mas também lhe atribuiu múltiplos patrocínios.

O Magistério da Igreja, como o pai de família "que tira coisas novas e antigas do seu tesouro" (*Mt* 13, 52), continua a descobrir antigas e novas grandezas em São José.

Para a perfeita obtenção da finalidade proposta, muito ajudará o dom das Indulgências que a Penitenciaria Apostólica, mediante o presente Decreto, emitido em conformidade com a intenção do Sumo Pontífice Francisco, benignamente concede durante todo o Ano de São José.

Concede-se a *Indulgência plenária* nas condições do costume (confissão sacramental, comunhão eucarística e oração pelas intenções do Santo Padre) aos fiéis que, com o espírito desapegado de qualquer pecado, participarem no Ano de São José nas ocasiões e com as modalidades determinadas por esta Penitenciaria Apostólica.

a. São José, verdadeiro homem de fé, convida-nos a redescobrir a relação filial com o Pai, a renovar a fidelidade à oração, a pormo-nos à escuta e a corresponder com profundo discernimento à vontade de Deus. Por isso, concede-se a *Indulgência plenária* a todos os que meditarem na oração do Pai Nosso durante pelo menos 30 minutos, ou então, participarem num retiro espiritual, de ao menos um dia, que inclua uma meditação sobre São José.

b. O Evangelho atribui a São José o título de "homem justo" (cfr *Mt* 1, 19): ele, guarda do "segredo íntimo que está precisamente no fundo do coração e do espírito",[1] depositário do mistério de Deus e, portanto, patrono exímio do foro interno, impele-nos a redescobrir o valor do silêncio, da prudência e da lealdade no cumprimento dos nossos deveres. A virtude da justiça, praticada de modo exemplar por José, consiste na adesão perfeita à lei divina, que é lei de misericórdia, "porque é precisamente a misericórdia de Deus que dá cumprimento à verdadeira justiça".[2] Portanto, aqueles que, a exemplo de São José, praticarem uma obra de misericórdia corporal ou espiritual, poderão igualmente obter o dom da *Indulgência plenária.*

c. O aspeto principal da vocação de José foi o de ser guardião da Sagrada Família de Nazaré, esposo da Bem-aventurada Virgem Maria e pai legal de Jesus. Para que todas as famílias cristãs sejam estimuladas a recriar o mesmo clima de íntima comunhão, de amor e de oração que se vivia plenamente na Sagrada Família, concede-se a *Indulgência plenária* em favor dos fiéis que rezarem o Santo Rosário (Terço) em família e entre noivos.

---

[1] Pio XI, *Discurso* por ocasião da proclamação da heroicidade das virtudes da Serva de Deus Emilia de Vialar, in "L'Osservatore Romano", ano LXXV, n. 67, 20-21 de março de 1935, 1.

[2] Francisco, *Audiência geral* (3 de fevereiro de 2016).

d. O Servo de Deus Pio XII, em 1 de maio de 1955, instituiu a festa de São José Operário, "com o propósito de que por todos seja reconhecida a dignidade do trabalho e que esta inspire a vida social e as leis, fundadas numa equitativa repartição de direitos e de deveres".[3] Poderá, portanto, conseguir a *Indulgência plenária* quem todos os dias confiar a sua atividade à proteção de São José e todos os fiéis que invocarem com orações de intercessão o Artesão de Nazaré a fim de que, quem procura trabalho, possa conseguir emprego, e o trabalho de todos seja mais digno.

e. A fuga da Sagrada Família para o Egito "ensinanos que Deus está onde o ser humano corre perigo, onde sofre, onde se refugia, onde experimenta a recusa e o abandono".[4] Concede-se a *Indulgência plenária* aos fiéis que rezarem as Ladainhas de São José (para a tradição latina), ou o hino Akathistos a São José, integralmente ou ao menos em alguma das suas partes significativas (para a tradição bizantina), ou ainda outra oração a São José, própria de outras tradições litúrgicas, em favor da Igreja perseguida ad intra e ad extra e pelo alívio de todos os cristãos que sofrem qualquer forma de perseguição.

Santa Teresa de Jesus reconheceu em São José o protetor para todas as circunstâncias da vida: "A outros

---

[3] Pio XII, *Discurso* por occasião da Solenidade de São José operário (1° de maio de 1955), in *Discorsi e Radiomessaggi di Sua Santità Pio XII*, XVII, 71-76.

[4] Francisco, *Angelus* (29 de dezembro de 2013).

Santos parece que Deus concedeu que nos socorra nesta ou naquela necessidade, ao passo que tenho experimentado que o glorioso São José estende o seu patrocínio a todas".[5] Mais recentemente, São João Paulo II reafirmou que a figura de São José adquire "uma renovada atualidade para a Igreja do nosso tempo, em relação ao novo milénio cristão".[6]

Para reafirmar o patrocínio universal de São José em favor da Igreja, para além das circunstâncias acima mencionadas, esta Penitenciaria Apostólica concede a *Indulgência plenária* aos fiéis que recitarem qualquer oração legitimamente aprovada ou ato de piedade em honra de São José, por exemplo "A Vós, São José", especialmente nos dias 19 de março e 1 de maio, na Festa da Sagrada Família de Jesus, Maria e José, no Domingo de São José (segundo a tradição bizantina), no dia 19 de cada mês e em cada quarta-feira, dia dedicado à memória do Santo, segundo a tradição latina.

No atual contexto de emergência sanitária, o dom da *Indulgência plenária* é especialmente concedido às pessoas mais idosas, aos enfermos, aos agonizantes e a todos os que, por legítimos motivos, estão impossibilitados de sair de casa, se, com espírito desapegado de qualquer pecado

---

[5] S̄anta T̄eresa de J̄esus, *Vida*, VI, 6.

[6] S̄ão J̄oão P̄aulo II, Exortação apostólica *Redemptoris Custos* sobre a figura e a missão de São José na vida de Cristo e da Igreja (15 de agosto de 1989), 32.

e com a intenção de satisfazer, logo que possível, às três condições habituais, em suas próprias casas ou onde o impedimento as retiverem, rezarem um ato de piedade em honra de São José, conforto dos enfermos e Padroeiro da boa morte, oferecendo com confiança a Deus as dores e os incómodos da sua vida.

Para que o acesso à graça divina mediante o poder das Chaves seja pastoralmente facilitado, esta Penitenciaria roga vivamente a todos os sacerdotes dotados das devidas faculdades, que se ofereçam com ânimo disponível e generoso para a celebração do sacramento da Penitência e ministrem frequentemente a Sagrada Comunhão aos enfermos.

O presente Decreto é válido para todo o Ano de São José, nada obstando em contrário.

Roma, Sede da Penitenciaria Apostólica, 8 de dezembro de 2020.

Mauro Card. Piacenza
Penitenciário Mor

Krzysztof Nykiel
Regente

L. + S.
Prot. n. 866/20/I

São José e os Papas

Embora os textos bíblicos relativos a José, o esposo de Maria e pai adotivo de Jesus, sejam bastante escassos, à primeira vista quase incompletos, ao contrário, há abundante literatura apócrifa sobre o personagem, incluindo em particular o Proto-Evangelho de Tiago. Evidentemente, isso deve-se à escassez de informações nos livros canônicos.

No magistério papal até o final do séc. XIX há poucos pronunciamentos sobre São José, especialmente no que diz respeito ao culto litúrgico e à colocação da festa do Santo no calendário das celebrações. É o caso do Papa Sisto IV que, em 1479, colocou a festa do Santo no Breviário e no Missal romano em 19 de março. E mais tarde de Gregório XV que em 1621 estabeleceu que a festa de São José deveria ser inserida entre as festas dos dias de guarda. Foi somente a partir de Pio IX que as referências ao Santo se tornaram mais significativas, e será assim para quase todos os Papas sucessivos, até Francisco, que iniciou seu ministério petrino precisamente na festa litúrgica dedicada a São José.

Pio IX (1846-1878)

Desde o início de seu pontificado, tinha fixado a festa e a liturgia com o patrocínio de São José no Terceiro domingo depois da Páscoa; em seguida, aumentou fortemente a devoção ao Santo com alguns documentos. Em particular, se pronunciou sobre São José com seis atos magisteriais, dos quais o mais lembrado foi certamente o decreto *Quemadmodum Deus*,[1] datado de 8 de dezembro de 1870, da Sagrada Congregação dos Ritos, com o qual proclamou o esposo de Maria como Padroeiro da Igreja Católica.[2]

Um documento muito breve, que representa o primeiro passo significativo no magistério pontifício sobre São José. Foi publicado após um momento importante e trágico na história da Igreja e da Itália: a tomada de Roma, a suspensão do Concílio Vaticano I e o fim

---

[1] *ASS* 6 (1870-1871), 193-194.

[2] Os outros cinco documentos foram: o Decreto da Sagrada Congregação de Ritos *Inclytus Patriarcha Joseph* (10 de setembro de 1847), que estendeu a toda a Igreja a festa do Patrocínio de São José; a Carta apostólica *Iam Alias* (5 de julho de 1861), que concedia a *Indulgência plenária* aos devotos do culto perpétuo do santo; o Decreto *Cum In* (27 de abril de 1865), que concedia ulteriores indulgências para o culto ao santo e para a prática do mês de março; o Decreto *Inclytum Patriarcham* (7 de julho de 1871), que reconhecia a São José um culto superior ao de outros santos; por fim o Decreto *Iam Alias* (4 de fevereiro de 1877) da Sagrada Congregação das Indulgências e das Relíquias Sacras, que aprovou e enriqueceu com indulgências a oração ao Santo *Virginum custos*. Cfr G. A. Mattanza, *San Giuseppe, capo della Santa Famiglia, nel magistero pontificio da Pio IX ai nostri giorni. L'importanza di San Giuseppe per la figura del padre di famiglia*, Biblioteca Teologica 15, Eupress FTL - Ed. Cantagalli, Lugano - Siena 2019, 142-180. O estudo do padre Giuseppe Attilio Mattanza foi muito útil a este *excursus* e nos referimos a ele para aprofundamentos.

do poder temporal do papado. Daí a decisão do próprio pontífice de confiar a Igreja Católica à proteção do Pai putativo do Senhor:

> E agora, nestes tempos tristíssimos em que a Igreja, atacada de todos os lados pelos inimigos, é de tal maneira oprimida pelos mais graves males, [...] o Santíssimo Senhor Nosso Papa Pio IX, consternado pela recentíssima e funesta situação das coisas, para confiar a Si mesmo e os fiéis ao potentíssimo patrocínio do Santo Patriarca José, [...] declarou-o Patrono da Igreja Católica.[3]

Com a Carta apostólica *Patris corde*, o Papa Francisco no 150° aniversário da declaração de Pio IX quer "partilhar convosco algumas reflexões pessoais sobre esta figura extraordinária, tão próxima da condição humana de cada um de nós".[4]

Leão XIII (1878-1903)

Logo que foi eleito Papa, em sua homilia aos cardeais do conclave, colocou seu pontificado sob a «potentíssima» proteção de São José. E durante seu pontificado, escreveu dezesseis documentos sobre o santo.[5] Entre estes, o único na sua tipologia entre os textos dedicados pe-

---

[3] *ASS* 6 (1870), 193.

[4] Francisco, Carta apostólica *Patris corde* (8 de dezembro de 2020).

[5] Cfr Mattanza, *San Giuseppe, capo della Santa Famiglia, nel magistero pontificio da Pio IX ai nostri giorni*. Cit., 191-231.

los pontífices ao esposo de Maria, a encíclica *Quamquam Pluries* (15 de agosto de 1889), na qual Papa Leão XIII apresentou toda a doutrina sobre São José e o invocou como poderoso protetor contra as adversidades do tempo presente. A encíclica concluía com a célebre oração *A Vós, ó Bem-aventurado José*, a ser recitada no final da oração do Rosário durante o mês de outubro. "Que isto – lê-se na encíclica – se repita todos os anos, perpetuamente. Àqueles que devotamente recitarem esta oração, concedemos cada vez a indulgência de sete anos e outras tantas quarentenas". Nesta oração é pedido o patrocínio do Santo sobre a Igreja, imagem da esposa, Maria, a quem ele estava unido pelo sagrado vínculo. A razão pela qual ele é patrono e protetor da Igreja Católica é dada pelo fato de que, assim como Maria, Mãe do Senhor, é a mãe espiritual de todos os cristãos, também São José cuida de todos os crentes em Cristo, pois eles são confiados a si mesmo de acordo com as palavras da oração: *"Protegei ó guarda providente da Divina Família, o povo eleito de Jesus Cristo"*.

O Papa também promoveu fortemente a prática do "mês de março" em homenagem ao Santo. A encíclica permanece ainda hoje como o documento mais importante e, após a *Redemptoris Custos*[6] de João Paulo II, também o mais extenso publicado em homenagem ao Pai putativo de Jesus.

[6] *AAS* 82 (1990), 5-34.

44

Pio X (1903-1914)

Embora ele tivesse o nome de José, Pio X não se distinguiu pela publicação de documentos particularmente importantes sobre São José, porém, com seu Magistério alimentou a devoção a São José. Em particular, com o Decreto *Inclytum Patriarcham*[7] (18 de março de 1909), da Sagrada Congregação para os Ritos, no qual aprovou as litanias em honra do Santo, autorizando-as a serem inseridas em livros litúrgicos, enriquecendo-as com indulgências.[8] Antes dessa época, as ladainhas de São José conhecidas eram principalmente as do Carmelita Girolamo Graziano da Mãe de Deus, que as compôs em 1597. Mais tarde foram compostas muitas outras. Foi tarefa de Pio X fazer um resumo a fim de reordenar a lista de títulos com os quais invocar São José no culto público e privado. Tudo em continuidade com seus predecessores Pio IX e Leão XIII.

Bento XV (1914-1922)

Sobre São José, Bento XV se pronunciou em pelo menos sete documentos, com discursos relacionados a

[7] *AAS* 1 (1909), 290.

[8] Outro pronunciamento a ser lembrado é o de 24 de julho de 1911, com o Decreto *De Diebus Festis* no qual Pius X estabeleceu que a festa de 19 de março, caindo na Quaresma, deveria ser celebrada sem Oitava, enquanto que no terceiro domingo após a Páscoa se solenize a festa do patrocínio com Oitava.

aspectos litúrgicos e devocionais. O mais importante foi o motu proprio *Bonum Sane*[9] (25 de julho de 1920), por ocasião do 50º aniversário da proclamação de São José como Padroeiro da Igreja Católica, com o qual o Pontífice exaltou sua poderosa e eficaz intercessão contra os males e problemas do pós-guerra e o indicava como um modelo de virtude a ser seguido. Embora o documento esteja em continuidade com o magistério dos predecessores, ele tem uma novidade a ser destacada: o Papa aprofunda ainda mais a teologia josefina da Igreja a ponto de indicar – a primeira vez de forma explícita – o Pai putativo de Jesus como o caminho privilegiado para chegar a Cristo, passando pela mediação de Maria:

Por São José nós vamos diretamente a Maria, e por Maria à fonte de toda santidade, Jesus Cristo, o qual consagrou as virtudes domésticas com a sua obediência para com São José e Maria. Nestes maravilhosos exemplos de virtude, Nós, pois, desejamos que as famílias cristãs se inspirem e completamente se renovem. E assim, dado que a família é o sustentáculo e a base da sociedade humana, fortalecendo a sociedade doméstica com a proteção da santa pureza, da fidelidade e da concórdia, com isso realmente um novo vigor, e diremos ainda, quase um novo sangue, circulará pelas veias da sociedade humana, que assim virá a ser vivificada pelas virtudes restauradoras de Jesus Cristo,

[9] *AAS* 12 (1920), 313-317.

46

e delas seguirá um alegre reflorescimento, não só dos costumes particulares, mas também das instituições públicas e privadas.[10]

Pio XI (1922-1939)

Em seu Magistério não encontramos um documento específico, mas há pelo menos 15 discursos, 2 homilias e 3 encíclicas nas quais se pode extrair seu ensinamento sobre a figura de São José. Um total de vinte pequenos ensinamentos, quase todos por ocasião da festa de 19 de março.[11] Deles pode-se ver que São José é, embora de maneira diferente de Maria, também um cooperador do mistério da Encarnação e da Redenção do gênero humano.

São José teve a prerrogativa única e a incomparável responsabilidade de ser chamado pela Divina Providência para guardar um duplo tesouro: um tesouro de divindade na pessoa de Jesus Cristo, um tesouro de pureza na virgindade de Maria Santíssima, um tesouro, um segredo divino, até então desconhecido pelos outros, o segredo da Encarnação do Verbo, da vida, da paixão, da morte do Redentor. A esta grandeza de cargo e res-

---

[10] BENTO XV, Motu proprio *Bonum Sane*, no Cinquentenário da Proclamação de São José como Patrono da Igreja Católica (25 de julho de 1920): *AAS* 12 (1920), 316.

[11] Cfr MATTANZA, *San Giuseppe, capo della Santa Famiglia, nel magistero pontificio da Pio IX ai nostri giorni.* Cit., 307-347.

ponsabilidade São José respondeu na sua humildade, na sua escrupulosidade, no seu silêncio, passando entre os homens e correspondendo ao que o Senhor lhe pedia, de uma forma verdadeiramente maravilhosa e incomparável.[12]

Pio XII (1939-1958)

Pio XII não dedicou um documento particular a São José. É possível, entretanto, encontrá-lo no magistério espalhado dentro dos numerosos discursos aos esposos, sobre o casamento, família e educação dos filhos. Entre estes, os mais significativos são o discurso de 29 de junho de 1948 às Associações Cristãs de Trabalhadores italianos (ACLI), no qual ele indicou São José como o padroeiro dos trabalhadores:

> Era março de 1945, quando saudamos os representantes da nascente "ACLI": um dia de grande, mas também, quase, de única esperança. A Associação estava dando seus primeiros passos com seriedade e confiança; mas o caminho era longo e a meta distante. Hoje, ao contemplarmos essa grande multidão, devemos reconhecer que a bênção do Senhor, invocada por Nós sobre a sua obra, foi poderosa e que o

---

[12] Pio XI, *Discurso* aos homens católicos de Roma, 19 de março de 1929, in D. Bertetto (curador), *Discorsi di Pio XI*, vol. 2, Libreria Editrice Vaticana, Cidade do Vaticano 1985, 41-42.

Padroeiro celeste, que então vos demos, São José, o homem fiel e justo, o trabalhador por excelência, vos protegeu prodigiosamente.[13]

E o discurso proferido em 1º de maio de 1955, pelo décimo ano da ACLI, com o qual instituiu a festa litúrgica de São José Operário:

Desde o início, colocamos vossas Associações sob o potentíssimo patrocínio de São José. Não poderia haver melhor protetor para ajudar-vos a penetrar em vossas vidas o espírito do Evangelho. Como dissemos então (cfr *Discursos e Radiomensagens,* vol. VII, p. 10), do Coração do Homem-Deus, Salvador do mundo, este espírito flui em vós e em todos os homens; mas é certo que nenhum trabalhador jamais foi tão perfeita e profundamente penetrado como o Pai putativo de Jesus, que viveu com Ele na mais estreita intimidade e comunhão de família e de trabalho. Assim, se quiserdes estar perto de Cristo, Nós repetimos também hoje *"Ite ad Ioseph"*: Ide até José! (*Gen* 41,55). [...] Com amor anunciamos a vós Nossa decisão de instituir – como, de fato, instituímos – a festa litúrgica de São José Operário, para o dia 1º de maio. Estais satisfeitos com esse nosso presente, operários? Estamos certos de que estais, porque o humilde operário de Nazaré não somente personifica

---

[13] Pio XII, *Discurso* aos numerosos peregrinos das ACLI (29 de junho de 1948): *Atti e Discorsi di Pio XII,* X (1948), Pia Società San Paolo, Roma 1949, 164.

diante de Deus e da Santa Igreja a dignidade de um homem que trabalha com suas mãos, mas é também o guardião providente de vós e vossas famílias.[14]

João XXIII (1958-1963)

Era muito devoto ao Santo e sentia-se honrado por ter o seu nome. Embora tenha tido um Pontificado de pouco menos de cinco anos, seu Magistério registra um grande número de documentos sobre São José. Conta com oitenta pronunciamentos, tão numerosos que só eles poderiam ser um tratado teológico sobre o Santo.[15] O Magistério josefino do Papa Bom, porém, caracterizou-se sobretudo por duas importantes medidas: a inclusão do nome do Santo no cânon da Missa e a proclamação de São José como Padroeiro do Concílio Ecumênico Vaticano II:

> Todos estão interessados pelo Concílio, eclesiásticos e leigos, grandes e pequenos de todas as partes do mundo, de todas as classes, de todas as raças, de todas as cores; e se um protetor celeste é indicado para conseguir do alto, em sua preparação e realização, aquele "poder divino" pelo qual ele parece destinado a marcar época na história da Igreja contemporânea, a nenhum dos

[14] Pio XII, *Discurso* por ocasião da Solenidade de São José Operário (1° de maio de 1955): *AAS* 47 (1955), 402; 406.

[15] Cfr Mattanza, *San Giuseppe, capo della Santa Famiglia, nel magistero pontificio da Pio IX ai nostri giorni.* Cit., 393-436.

protetores celestes poderia ser mais bem confiado do que a S. José, augusto chefe da família de Nazaré e protetor da santa Igreja. [...] Ó S. José! Aqui, aqui mesmo é vosso lugar de "Protetor da Igreja Universal". Quisemos apresentar-vos, através das palavras e dos documentos de nossos predecessores imediatos dos últimos séculos – de Pio IX a Pio XII – uma coroa de honra, como eco dos testemunhos de afetuosa veneração que se eleva igualmente de todas as nações católicas e de todas as regiões missionárias. Sede sempre nosso protetor. Que vosso espírito interior de paz, de silêncio, de bom trabalho e de oração, a serviço da santa Igreja, nos vivifique sempre e nos alegre em união com vossa santa esposa, nossa dulcíssima Mãe Imaculada, num fortíssimo e suave amor a Jesus, Rei glorioso e imortal dos séculos e dos povos. Assim seja.[16]

Paulo VI (1963-1978)

O Magistério de Giovanni Battista Montini sobre São José também é caracterizado por numerosos documentos,[17] especialmente discursos, nos quais, além de sublinhar as qualidades do Santo, ele também trouxe à tona

---

[16] João XXIII, Carta Apostólica *Le voci* sobre a proteção de São José para o Concílio Ecumênico Vaticano II (19 de março de 1961): *AAS* 53 (1961), 210-211.

[17] Cfr Mattanza, *San Giuseppe, capo della Santa Famiglia, nel magistero pontificio da Pio IX ai nostri giorni.* Cit., 437-484.

sua missão na Igreja. A importância e a grandeza do Santo para Paulo VI são destacadas principalmente dentro do mistério da Encarnação de Cristo, onde ele exerce sua missão providencial no plano da Redenção:

Celebramos a festa de São José, Padroeiro da Igreja Universal. É uma festa, que interrompe a meditação austera e apaixonada da Quaresma, absorvida por inteiro na penetração do mistério da Redenção e na aplicação da disciplina espiritual, que a celebração de tal mistério traz consigo. É uma festa que chama a Nossa atenção para outro mistério do Senhor, a Encarnação, e Nos convida a meditá-lo na cena pobre, suave, humaníssima, a cena evangélica da Sagrada Família de Nazaré, na qual este outro mistério foi cumprido. O humilde quadro evangélico mostra-nos a Virgem Santíssima; junto dela está São José e entre os dois está Jesus. Nosso olhar, nossa devoção detém-se hoje em São José, o artesão silencioso e trabalhador, que deu a Cristo não o nascimento, mas o estado civil, a categoria social, a experiência profissional e o ambiente familiar, a educação humana. Será necessário observar bem esta relação entre São José e Jesus, pois ela pode nos fazer compreender muitas coisas dos desígnios de Deus, que vem a este mundo para viver como homem entre os homens, mas ao mesmo tempo seu mestre e seu salvador.[18]

---

[18] PAULO VI, *Homilia* na Santa Missa na festividade de São José, por ocasião da peregrinação da FIAT (19 de março de 1964): *Insegnamenti di Paolo VI*, II (1964), 186.

Para Paulo VI, a figura de São José também está profundamente enraizada na virtude da humildade, e esta virtude deve ser imitada em todas as esferas da vida cristã, na Igreja como na família, até os cristãos individualmente de todas as categorias sociais:

São José apresenta-se a nós com um aspecto inesperado. Poderíamos ter pressuposto que seria um homem poderoso, com condições de abrir o caminho para Cristo vindo ao mundo; ou talvez um profeta, um sábio, um homem de atividade sacerdotal que acolhe o Filho de Deus que entrou na geração humana e em nossa convivência. Em vez disso, trata-se do homem mais comum, modesto e humilde que se possa imaginar. [...] Poderíamos, portanto, ignorar essa figura, não nos determos sobre ele? Não, de modo algum: pois não compreenderíamos, nesse caso, a doutrina ensinada pelo Mestre Divino: a Boa Nova desde sua primeira forma característica, é a de ser anunciada aos pobres, aos humildes, aos que precisam ser consolados e remidos. Por isso, o Evangelho das Bem-aventuranças começa com este introdutor, chamado José. [...] Aproximemo-nos também nós, com devoção filial, como pessoas de casa, à porta da humilde oficina de Nazaré, e cada um de nós reze a José: dai-me uma ajuda, dai-me um apoio; protegei-me. Não há uma vida que não seja ameaçada por muitos perigos, por tentações, por fraquezas, por deficiências. José, silencioso e bom, fiel, manso, forte, invicto, nos ensina como devemos fazer; e certamente ele concede uma ajuda com requintada bondade.[19]

Mas é principalmente a participação no mistério da Redenção, que Paulo VI coloca na base da devoção a São José:

Este é o segredo da grandeza de São José, que combina bem com sua humildade: ter feito de sua vida um serviço, um sacrifício, ao mistério da Encarnação e da missão redentora que nela está unida; ter usado a autoridade legal que tinha sobre a sagrada família, para fazer disso um dom total de si mesmo, de sua vida, de seu trabalho; tendo convertido sua vocação humana ao amor doméstico na oblação sobre-humana de si mesmo, de seu coração e de todas as suas capacidades, no amor colocado a serviço do Messias germinado em sua casa, seu filho nominal e filho de Davi, mas na realidade filho de Maria e filho de Deus.[20]

João Paulo II (1978-2005)

É o Pontífice que, até hoje, produziu o mais rico e extenso magistério sobre São José. Dependendo das circunstâncias, ele tratou de forma mais ou menos

---

[19] Paulo VI, *Homilia* na Santa Missa na festividade de São José (19 de março de 1968): *Insegnamenti di Paolo VI*, VI (1968), 1154.

[20] Paulo VI, *Homilia* na Santa Missa na festividade de São José, por ocasião da consagração episcopal de quatro prelados da Cúria (19 de março de 1966): *Insegnamenti di Paolo VI*, IV (1966), 111.

extensa sobre o Pai putativo de Jesus, às vezes dedicando-lhe documentos inteiros ou partes deles, outras vezes simplesmente citando-o indiretamente. Giuseppe Mattanza[21] assim identificou documentos magisteriais ligados a São José: 340 discursos, 196 homilias, 105 *Angelus* ou *Regina Caeli*, 33 saudações, 33 mensagens, 32 cartas apostólicas, 20 decretos, 16 cartas, 11 constituições apostólicas, 8 exortações apostólicas, 5 encíclicas, 3 alocuções, 3 orações, 2 atos de entrega, 2 decretos, 1 diretório para piedade popular e liturgia, 1 mensagem de rádio, 1 meditação, 1 prefácio, 1 agradecimento, 1 telegrama, para um total de 815 documentos. Um número tão grande de documentos é fruto não apenas do longo pontificado que durou vinte e sete anos, mas também da profunda devoção pessoal que João Paulo II tinha para com São José desde sua juventude.

Em sua autobiografia *Levantai-vos. Vamos!*, o Papa polonês conta que para ele:

> O culto de São José está ligado à experiência vivida em Cracóvia. Na Rua Poselska, próximo da Sé Arquiepiscopal, moram as irmãs Bernadinas. Em sua igreja, dedicada a São José, elas mantêm a exposição perpétua do Santíssimo Sacramento. Nas horas livres eu ia lá para rezar e muitas vezes meu olhar dirigia-se para a bela imagem do Pai putativo de Jesus, muito vene-

---

[21] Cfr MATTANZA, *San Giuseppe, capo della Santa Famiglia, nel magistero pontificio da Pio IX ai nostri giorni.* Cit., 498-499.

rado naquela igreja, onde tive a oportunidade de guiar os exercícios espirituais para os juristas. Sempre gostei de pensar em São José no contexto da Sagrada Família: Jesus, Maria, José. Invocava a ajuda dos três juntos para vários problemas. Compreendo bem a unidade e o amor que se vivia na Sagrada Família: três corações, um amor. De maneira especial confiava a São José o cuidado pastoral da família. Em Cracóvia, tinha outra igreja dedicada a São José, em Podgórze. Eu a frequentava durante minhas visitas pastorais.[22]

E como podemos esquecer o gesto de João Paulo II ao doar seu anel pontifício ao quadro de São José que se conserva no convento carmelita de Wadowice, sua cidade natal. Foi por ocasião de seu vigésimo quinto aniversário de pontificado, em 16 de outubro de 2003.

No extenso Magistério josefino de Wojtyła, a Exortação Apostólica *Redemptoris Custos* de 15 de agosto de 1989 ocupa o lugar central. Foi publicada por ocasião do centenário da encíclica *Quamquam Pluries* de Leão XIII, e complementou a trilogia inaugurada com a encíclica *Redemptor hominis* (1979), sobre a figura de Jesus Cristo Redentor, seguida depois pela encíclica *Redemptoris Mater* (1987) sobre Maria Mãe do Redentor. Concluindo assim precisamente com a exortação sobre o Custódio do Redentor. Como foi antecipado, a exortação atualmente é o documento mais extenso e completo do magistério

---

[22] João Paulo II, *Levantai-vos. Vamos!*, Ed. Planeta, 2004.

pontifício sobre São José, indicada como um exemplo concreto para cada um, a ser imitado no próprio estilo de vida:

> Que São José se torne para todos um mestre singular no serviço da missão salvífica de Cristo, que, na Igreja, compete a cada um e a todos: aos esposos e aos pais, àqueles que vivem do trabalho das próprias mãos e de todo e qualquer outro trabalho, às pessoas chamadas para a vida contemplativa e às que são chamadas ao apostolado.
> O homem justo, que trazia em si o patrimônio da Antiga Aliança, foi também introduzido no "princípio" da nova e eterna Aliança em Jesus Cristo. Que ele nos indique os caminhos desta Aliança salvífica no limiar do próximo Milênio, durante o qual deve perdurar e desenvolver-se ulteriormente a "plenitude dos tempos" própria do mistério inefável da Encarnação do Verbo. Que São José obtenha para a Igreja e para o mundo, assim como para um de nós, a bênção do Pai e do Filho e do Espírito Santo.[23]

Bento XVI (2005-2013)

Batizado como José, lembrou repetidamente em seus ensinamentos a figura do Santo Patriarca, convidando os fiéis em muitas ocasiões a se colocarem na escola de São

---

[23] João Paulo II, Exortação apostólica *Redemptoris Custos* (15 de agosto de 1989), 32: *AAS* 82 (1990), 34.

José, para imitarem suas virtudes, confiando-se a ele na oração. Segundo Giuseppe Mattanza o Pontificado conta com 205 documentos do Papa emérito sobre o Santo, divididos da seguinte forma: 80 discursos, 42 *Angelus* ou *Regina Caeli*, 39 homilias, 12 mensagens, 11 cartas, 12 decretos, 4 cartas apostólicas, 2 cartas decretais, 1 exortação apostólica, 1 constituição apostólica, 1 saudação.[24]

Portanto não apenas discursos magisteriais, as páginas do Papa Ratzinger são de verdadeira confidência pessoal, de um cristão devoto ao Santo Pai putativo de Jesus, de rara beleza.

Como quando indica São José como um confidente de sua própria oração:

> Queridos amigos, daqui a poucos dias celebraremos a solenidade de São José, Padroeiro dos Trabalhadores. [...] Por meu lado, que tenho também o seu nome, sinto-me feliz hoje por poder indicá-lo não só como protetor celeste e intercessor para qualquer iniciativa benemérita, mas primeiro como confidente da vossa oração, do vosso compromisso ordinário, certamente constelado de satisfações e de desilusões, da vossa vida quotidiana e, diria, da tenaz busca da justiça de Deus nas coisas humanas. Precisamente São José vos ajudará

---

[24] Cfr Mattanza, *San Giuseppe, capo della Santa Famiglia, nel magistero pontificio da Pio IX ai nostri giorni.* Cit., 546-547.

a concretizar a exigente exortação de Jesus: "Procurai primeiro o reino de Deus e a sua justiça" (*Mt* 6, 33).[25]

Também quando sugere imitar a sua qualidade do silêncio, cheio de fé, que guia cada seu pensamento e cada sua ação:

O silêncio de São José não manifesta um vazio interior, mas, ao contrário, a plenitude de fé que ele traz no coração, e que orienta todos os seus pensamentos e todas as suas ações. Um silêncio graças ao qual José, em uníssono com Maria, conserva a Palavra de Deus, conhecida através das Sagradas Escrituras, comparando-a continuamente com os acontecimentos da vida de Jesus; um silêncio impregnado de oração constante, de oração de bênção do Senhor, de adoração da sua santa vontade e de confiança sem reservas na sua providência. Não se exagera, se se pensa que precisamente do «pai» José, Jesus adquiriu no plano humano aquela vigorosa interioridade, que é o pressuposto da justiça autêntica, da «justiça superior», que um dia Ele ensinará aos seus discípulos (cfr *Mt* 5, 20).
Deixemo-nos «contagiar» pelo silêncio de São José! Temos tanta necessidade disto, num mundo muitas vezes demasiado ruidoso, que não favorece o recolhimento, nem a escuta da voz de Deus. Neste período de prepa-

[25] Bento XVI, *Discurso aos sócios da UCID* (4 de março de 2006): *Insegnamenti di Benedetto XVI*, II, 1 (2006), 286.

ração para o Natal, cultivemos o recolhimento interior, para acolher e conservar Jesus na nossa vida.[26]

Por fim, a docilidade de São José ao se colocar em obediência à Palavra de Deus:

São José, meu Padroeiro pessoal e Padroeiro da Santa Igreja: um santo humilde, um trabalhador humilde, que foi tornado digno de ser Guarda do Redentor.

São Mateus caracteriza São José com uma palavra: "Era um justo", "dikaios", de "dike", e na visão do Antigo Testamento, como a encontramos por exemplo no *Salmo* 1, "justo" é o homem que está imerso na Palavra de Deus, que vive na Palavra de Deus, que vive a Lei não como "jugo", mas como "alegria", vive – poderíamos dizer – a Lei como "Evangelho". São José era justo, estava imerso na Palavra de Deus, escrita, transmitida na sabedoria do seu povo, e precisamente deste modo estava preparado e chamado a conhecer o Verbo Encarnado – o Verbo que veio ao nosso meio como homem –, e predestinado a guardar, a proteger este Verbo Encarnado; esta permanece a sua missão para sempre: guardar a Santa Igreja e Nosso Senhor.

Recomendamo-nos neste momento à sua custódia, rezamos para que nos ajude no nosso serviço humilde. Prossigamos com coragem sob esta proteção. Sejamos gratos pelos Santos humildes, rezemos ao Senhor para

[26] Bento XVI, *Angelus* (18 de dezembro de 2005): *Insegnamenti di Benedetto XVI*, I (2005), 787.

que torne também a nós humildes no nosso serviço e, desta forma, santos na companhia dos Santos.[27]

Papa Francisco (2013-)

O Papa Francisco sempre foi devoto de São José. Em particular, ele sempre manteve nos quartos onde viveu e trabalhou a estatueta de São José adormecido, ícone popular na América Latina. Atualmente no seu escritório na Casa Santa Marta o Pontífice tem esta imagem do Santo, e a devoção de Francisco ao que ela representa, gozou de imprevista popularidade mundial quando o Papa falou sobre ela alguns anos atrás durante o *Encontro Mundial das Famílias em Manila.*

Amo muito São José, porque é um homem forte e silencioso. Na minha escrivaninha, tenho uma imagem de São José que dorme e, enquanto dorme, cuida da Igreja. Sim! Pode fazê-lo, como sabemos. E, quando tenho um problema, uma dificuldade, escrevo um bilhetinho e meto-o debaixo de São José, para que o sonhe. Este gesto significa: reza por este problema. Agora vejamos o segundo ponto: "levantar-se com Jesus e Maria". Estes momentos preciosos de repouso, de uma pausa com o Senhor na oração, talvez gostássemos de poder prolongá-los. Mas, como São José, uma vez que se ouviu a voz de Deus, temos de despertar do nosso

---

[27] BENTO XVI, *Conclusão dos exercícios espirituais da Cúria Romana* (19 de março de 2011): *Insegnamenti di Benedetto XVI*, VII, 1 (2011), 343.

sono; devemos levantar-nos e agir como família (cfr *Rm* 13, 11). A fé não nos tira do mundo, mas insere-nos mais profundamente nele.[28]

Voltando atrás nos anos, já a missa de início de seu pontificado em 2013 Francisco a celebrou no mesmo dia em que a Igreja recorda o Santo, ocasião escolhida e desejada pelo Papa argentino porque sempre viu a força e a sabedoria de Deus no esposo da Virgem Maria. Naquela ocasião, na homilia, explicou que:

José é "guardião", porque sabe ouvir a Deus, deixa-se guiar pela sua vontade e, por isso mesmo, se mostra ainda mais sensível com as pessoas que lhe estão confiadas, sabe ler com realismo os acontecimentos, está atento àquilo que o rodeia, e toma as decisões mais sensatas. Nele, queridos amigos, vemos como se responde à vocação de Deus: com disponibilidade e prontidão.[29]

Entre os primeiros atos de seu Pontificado, em 1º de maio de 2013, Francisco, confirmando os desejos de Bento XVI, decretou o adicionamento do nome de São José, Esposo da Santíssima Virgem Maria, às Orações Eucarísticas II, III e IV.

[28] FRANCISCO, *Discurso às famílias*, Mall of Asia Arena, Manila (16 de janeiro de 2015).

[29] FRANCISCO, *Homilia* para a Missa de início do ministério petrino (19 de março de 2013).

Mas foi da capela de sua residência na Casa Santa Marta que o Papa refletiu longamente sobre o santo a quem confia toda preocupação. Na missa de 18 de dezembro de 2017, sugeriu que nos dirijamos ao Esposo de Maria quando "não compreendemos muitas coisas, temos tantos problemas, tantas angústias, tantas obscuridades". Também propõe uma oração para recitar:

Este é o grande José, do qual Deus precisava para levar em frente o mistério da re-condução do povo rumo à nova criação. Que precisamente o seu exemplo nos ensine tantas coisas que podemos aprender na reflexão, mas antes de tudo nos dê a coragem de ir ter com ele quando não compreendemos muitas coisas, quando temos tantos problemas, tantas angústias, tantas obscuridades, e dizer-lhe simplesmente: "Ajuda-nos, tu que sabes como caminhar na escuridão, que sabes como se escuta a voz de Deus, tu que sabes como se vai em frente em silêncio".[30]

E em outra missa matinal Bergoglio enfatiza que José é o homem que age mesmo quando dorme, porque sonha com o que Deus quer:

Hoje gostaria de pedir que nos conceda a todos a capacidade de sonhar, porque quando sonhamos coisas grandes, bonitas, aproximamo-nos do sonho de Deus,

[30] FRANCISCO, *Homilia* na Missa matutina, Casa santa Marta (18 de dezembro de 2017)

daquilo que Deus sonha sobre nós. Que conceda aos jovens – porque ele era jovem – a capacidade de sonhar, de arriscar e de cumprir as tarefas difíceis que viram nos sonhos. E a todos os cristãos, conceda a fidelidade que em geral cresce numa atitude correta, ele era correto, cresce no silêncio – poucas palavras – e na ternura que é capaz de guardar as próprias debilidades e as dos outros.[31]

No 150º aniversário da declaração de São José como *Padroeiro da Igreja Católica*, proclamada por Pio IX em 8 de dezembro de 1870, o Papa Francisco colocou novamente a Igreja e toda a humanidade sob a proteção do Santo. Hoje como então, a comunidade de fiéis está enfrentando um grave momento histórico. Hoje o inimigo é um ser invisível que semeia pandemia, sofrimento e, em muitos casos, até a morte. O Pontífice observa, no entanto, que apesar disso muitas pessoas comuns estão trabalhando, em silêncio e sem ostentação, no serviço caritativo de irmãos e irmãs em dificuldade, seguindo o modelo de São José. E explica que o desejo de escrever a Carta apostólica *Patris corde*:

cresceu durante estes meses de pandemia, nos quais podemos experimentar, em meio à crise que nos afeta, que "as nossas vidas são tecidas e sustentadas por

---

[31] FRANCISCO, *Homilia* na Missa matutina, Casa Santa Marta (20 de março de 2017).

pessoas comuns (habitualmente esquecidas), que não aparecem nas manchetes dos jornais e revistas, nem nas grandes passarelas do último espetáculo, mas que hoje estão, sem dúvida, a escrever os acontecimentos decisivos da nossa história: médicos, enfermeiros e enfermeiras, trabalhadores dos supermercados, pessoal da limpeza, cuidadores, transportadores, forças policiais, voluntários, sacerdotes, religiosas e muitos – mas muitos – outros que compreenderam que ninguém se salva sozinho. [...] Quantas pessoas dia a dia exercitam a paciência e infundem esperança, tendo a peito não semear pânico, mas corresponsabilidade! Quantos pais, mães, avôs e avós, professores mostram às nossas crianças, com pequenos gestos do dia a dia, como enfrentar e atravessar uma crise, readaptando hábitos, levantando o olhar e estimulando a oração! Quantas pessoas rezam, oferecem e intercedem pelo bem de todos!".[32] "Todos podem encontrar em São José – o homem que passa despercebido, o homem da presença quotidiana discreta e escondida – um intercessor, um amparo e uma guia nos momentos de dificuldade. São José lembra-nos que todos aqueles que estão, aparentemente, escondidos ou em segundo plano, têm um protagonismo sem paralelo na história

[32] FRANCISCO, *Meditação em tempo de pandemia* (27 de março de 2020).

da salvação. A todos eles, dirijo uma palavra de reconhecimento e gratidão.[33]

Papa Francisco escreve que "o objetivo desta Carta Apostólica é aumentar o amor por este grande Santo, para nos sentirmos impelidos a implorar sua intercessão e para imitar as suas virtudes e seu desvelo.[34] E para perpetuar a entrega de toda a Igreja a seu Patrono, o Papa estabeleceu que, a partir de 8 de dezembro de 2020, "o aniversário da proclamação, bem como o dia sagrado da Santíssima Virgem Imaculada e Esposa do castíssimo José, até 8 de dezembro de 2021, será celebrado um Ano especial de São José, no qual cada fiel, seguindo seu exemplo, poderá diariamente fortalecer sua própria vida de fé no pleno cumprimento da vontade de Deus".[35]

Desta forma, "todos os fiéis terão a oportunidade de se comprometer, com orações e boas obras, para obter, com a ajuda de São José, chefe da Família Celestial de Nazaré, conforto e alívio das graves tribulações humanas e sociais que afligem o mundo contemporâneo".[36]

---

[33] FRANCISCO, Carta apostólica *Patris corde* (8 de dezembro de 2020).

[34] *Ivi.*

[35] PENITENCIARIA APOSTÓLICA, *Decreto* com o qual se concede o dom de especiais Indulgências por ocasião do Ano de São José (8 de dezembro de 2020).

[36] *Ivi.*

66

Os fiéis, participando do Ano de São José "com a alma desprendida de todo pecado", poderão obter a *Indulgência plenária* nas condições habituais (confissão sacramental, comunhão eucarística e oração segundo as intenções do Santo Padre); e através de várias modalidades que a Penitenciária enumera no Decreto que acompanha a Carta apostólica *Patris corde*.

Orações a São José

Orações dos Papas

Guardião das almas virgens

Ó glorioso São José,
guardião e pai das almas virgens,
a cuja custódia Deus confiou Jesus,
a inocência em pessoa, e Maria,
a Virgem das virgens:
por estes vossos amabilíssimos tesouros,
vos peço e suplico,
que, preservado de toda a mancha,
com o espírito e o coração puros,
sempre sirva Jesus e Maria em perfeita castidade.
Amen.

Beato Pio IX

A vós, São José

A vós, São José,
recorremos na angústia da tribulação
e, tendo implorado o auxílio da vossa santíssima Esposa,
cheios de confiança solicitamos também o vosso patrocínio.
Por aquele vínculo sagrado de amor
que vos uniu à imaculada Virgem Mãe de Deus
e pelo amor paterno que dedicastes ao Menino Jesus,
lançai, nós vo-lo suplicamos, um olhar benigno à Igreja,
a amada herança que Jesus Cristo
conquistou com o seu Sangue
e acudi, com o vosso poder e auxílio,
às nossas necessidades.
Protegei, ó Guardião providente da Sagrada Família,
a eleita descendência de Jesus Cristo;
afastai de nós, ó pai amantíssimo,
a peste do erro e do vício que contamina o mundo;
assisti-nos propício do Céu, ó nosso potente sustentáculo,
contra o poder das trevas;
e, como outrora salvastes da morte
a vida em perigo do Menino Jesus,
assim agora defendei a santa Igreja de Deus
das ciladas do inimigo e de toda a adversidade:
e, com o vosso constante patrocínio,
amparai cada um de nós
para que, a vosso exemplo e sustentados

com o vosso auxílio,
possamos viver virtuosamente,
morrer piedosamente
e obter no Céu a bem-aventurança eterna.
Amen.

Leão XIII

Senhor, tende piedade de nós.   *Senhor, tende piedade de nós.*
Cristo, tende piedade de nós   *Cristo, tende piedade de nós.*
Senhor, tende piedade de nós.   *Senhor, tende piedade de nós.*
Jesus Cristo, ouvi-nos.   *Jesus Cristo, ouvi-nos.*
Jesus Cristo, atendei-nos.   *Jesus Cristo, atendei-nos.*
Deus Pai Celestial.   *tende piedade de nós.*
Deus Filho, Redentor do mundo.   *tende piedade de nós.*
Deus Espírito Santo.   *tende piedade de nós.*
Santíssima Trindade,
   que sois um só Deus.   *tende piedade de nós.*

Santa Maria, (**R.**)   *rogai por nós.*
São José, **R.**
Ilustre descendente de David, **R.**
Luz dos Patriarcas, **R.**
Esposo da Mãe de Deus, **R.**
Guardião castíssimo da Virgem, **R.**
Pai nutrício do Filho de Deus, **R.**
Solícito defensor de Cristo, **R.**
Chefe da Sagrada Família, **R.**
José justíssimo, **R.**
José castíssimo, **R.**
José prudentíssimo, **R.**
José fortíssimo, **R.**
José obedientíssimo, **R.**
José fidelíssimo, **R.**
Espelho de paciência, **R.**

Amante da pobreza, **R.**
Modelo dos trabalhadores, **R.**
Honra da vida doméstica, **R.**
Guardião das almas virgens, **R.**
Sustentáculo das famílias, **R.**
Consolação dos miseráveis, **R.**
Esperança dos doentes, **R.**
Patrono dos moribundos, **R.**
Terror dos demónios, **R.**
Protetor da Santa Igreja, **R.**

Cordeiro de Deus,
    que tirais o pecado do mundo.   *perdoai-nos, Senhor.*
Cordeiro de Deus,
    que tirais o pecado do mundo.   *ouvi-nos, Senhor.*
Cordeiro de Deus,
    que tirais o pecado do mundo.   *tende piedade de nós.*

V. Estabeleceu-o senhor da sua casa.

R. *E príncipe sobre todos os seus bens.*

Oremos.

Ó Deus, que na vossa inefável providência Vos dignastes escolher São José para esposo da vossa Mãe santíssima, concedei que, venerando-o como protetor na terra, mereçamos tê-lo como intercessor no Céu. Por Cristo Senhor nosso.

Amen.

São Pio X

São José artesão

Ó glorioso patriarca São José, artesão humilde
e justo de Nazaré,
que destes a todos os cristãos,
mas especialmente a nós artesãos católicos,
o exemplo duma vida perfeita
de trabalho assíduo e admirável união com Maria e Jesus,
assisti-nos na nossa lida de todos os dias,
a fim de podermos, também nós, encontrar nela
o meio eficaz de glorificar o Senhor,
santificar-nos e ser úteis à sociedade em que vivemos:
os ideais supremos de todas as nossas ações.
Alcançai-nos do Senhor,
ó Protetor nosso amantíssimo,
humildade e simplicidade de coração,
amizade ao trabalho e gentileza
para com os nossos colegas,
conformidade com a vontade divina
nas dificuldades inevitáveis desta vida
e alegria em suportá-las,
consciência da nossa específica missão social
e sentido da nossa responsabilidade,
espírito de disciplina e de oração...
Acompanhai-nos nos momentos de prosperidade,
quando tudo nos convida a saborear honestamente
os frutos das nossas canseiras;
e sede o nosso apoio nas horas tristes,
quando o Céu dá a impressão de nos esquecer

e as próprias ferramentas de trabalho
parecem rebelar-se em nossas mãos.
Fazei que, à vossa imitação,
mantenhamos o olhar fixo em Maria nossa Mãe,
vossa Esposa dulcíssima,
que fiava num canto da vossa modesta oficina,
deixando aflorar aos seus lábios um terno sorriso,
e não afastemos o olhar de Jesus,
que Se afanava convosco no mesmo banco de carpinteiro,
a fim de podermos levar na terra
uma vida pacífica e santa,
prelúdio da eternidade feliz
que nos espera no Céu para sempre.
Amen.

Pio XII

São José, escolhido por Deus

Ó São José, escolhido por Deus
para ser, nesta terra,
Guardião de Jesus e Esposo puríssimo de Maria,
que passastes a vida
no cumprimento perfeito do dever,
sustentando com o trabalho das vossas mãos
a Sagrada Família de Nazaré,
protegei-nos, propício,
a nós que nos dirigimos confiadamente a vós.
Conheceis as nossas aspirações,
as nossas angústias, as nossas esperanças:
a vós recorremos,
cientes de encontrar em vós quem nos proteja.
Também vós experimentastes
a provação, a fadiga, o cansaço;
mas o vosso espírito, cheio da paz mais profunda,
exultava de alegria no trato íntimo
com o Filho de Deus que vos foi confiado,
e com Maria, sua dulcíssima Mãe.
Ajudai-nos a compreender
que não estamos sozinhos no nosso trabalho,
descobrindo Jesus junto de nós,
para O acolher em graça
e guardá-Lo fielmente,
como fizestes vós.

Alcançai-nos a graça de que tudo, na nossa família,
seja santificado com a caridade, a paciência,
a justiça e a busca do bem.
Amen.

São João XXIII

São José, Guardião de Jesus,
Esposo castíssimo de Maria,
que passastes a vida no perfeito cumprimento do dever,
sustentando, com o trabalho das vossas mãos,
a Sagrada Família de Nazaré,
protegei, propício, aqueles que a vós se dirigem confiantes.
Conheceis as suas aspirações,
as suas angústias, as suas esperanças:
e recorrem a vós, certos de encontrar
quem os compreenda e proteja.
Também vós experimentastes a provação,
a fadiga, o cansaço:
mas, mesmo no meio das preocupações materiais da vida,
o vosso espírito, cheio da paz mais profunda,
exultava de inefável alegria pelo trato íntimo
com o Filho de Deus, que vos foi confiado,
e com Maria, sua dulcíssima Mãe.
Fazei que também os vossos protegidos
compreendam que não estão sozinhos no seu trabalho,
mas saibam descobrir Jesus junto de si,
acolhê-Lo em graça, guardá-Lo fielmente,
como fizestes vós.
E alcançai a graça de, em cada família, oficina, laboratório,
onde quer que um cristão trabalhe,
tudo ser santificado com a caridade,

a paciência, a justiça, a busca da perfeição,
para que desçam, abundantes,
os dons da benevolência celeste.
Amen.

São João XXIII

São José, Padroeiro da Igreja

São José, Padroeiro da Igreja,
vós que, junto do Verbo encarnado,
trabalhastes dia a dia para ganhar o pão,
recebendo d'Ele a força para viver e trabalhar;
vós que experimentastes a ansiedade pelo amanhã,
a amargura da pobreza, a precariedade do trabalho;
vós que hoje irradiais o exemplo da vossa figura,
humilde aos olhos dos homens,
mas excelso diante de Deus;
volvei o olhar sobre a família imensa que vos foi confiada!
Abençoai a Igreja,
impelindo-a cada vez mais pelos caminhos
de fidelidade evangélica,
e guardai a paz no mundo,
a única que pode garantir o progresso dos povos
e a plena realização das esperanças humanas:
para bem da humanidade,
avanço da missão da Igreja
e glória da Santíssima Trindade.
Amen.

São Paulo VI

São José, convosco e por vós,
bendizemos o Senhor!
Ele escolheu-vos de entre todos os homens
para serdes o casto esposo de Maria,
aquele que está no limiar do mistério
da sua maternidade divina
e que, depois d'Ela,
acolhe esta maternidade na fé,
como obra do Espírito Santo.
Vós destes a Jesus uma paternidade legal
na estirpe de David.
Velastes constantemente
pela Mãe e o Menino
com carinhosa solicitude
para lhes permitir o cumprimento da sua missão.
Jesus Salvador dignou-Se submeter-Se
a vós como pai,
durante a sua infância e adolescência,
e receber de vós os ensinamentos da vida humana,
enquanto compartilháveis a sua vida
na adoração do seu mistério.
Continuai a proteger a Igreja inteira,
a família nascida da salvação trazida por Jesus!
Atendei às necessidades espirituais e materiais
de todos aqueles que recorrem à vossa intercessão:

por vosso intermédio, têm a certeza de alcançar
o olhar materno de Maria
e a mão de Jesus que os socorre.
Amen.

São João Paulo II

Querido São José,
amigo e protetor de todos,
Guardião de Jesus e de quantos invocam a vossa ajuda,
vós sois tão grande que alcançais de Deus
para os homens
tudo aquilo que vos pedem.
Peço-vos que acolhais a minha oração:
velai e guardai todas as famílias
para que vivam a mesma harmonia, unidade, fé, amor
que reinava na Família de Nazaré.
Olhai com particular solicitude para as famílias
dos desempregados:
a todos dai um emprego,
para criarem, com a sua atividade, um mundo melhor
e louvarem a Deus Criador.
Confio-vos a Igreja,
em particular o Papa, os bispos, os sacerdotes
e todos os missionários
para que se sintam sustentados pela vossa paternidade.
Quem pode amá-los mais do que vós, querido São José?
Protegei todas as pessoas consagradas
a fim de encontrarem, na vossa obediência
e adesão à vontade de Deus,
o exemplo para manter no silêncio,
na humildade e na missionação
a vida de união com Deus

que as torne felizes no cumprimento da vontade divina.
A alegria de pertencer a Deus é tão grande
que nada se lhe pode comparar;
só em Deus se encontra a plena felicidade.
São José, atendei a minha oração!
Amen.

São João Paulo II

Protegei, guardião santo, este nosso país.

Iluminai os responsáveis do bem comum, para que saibam cuidar – como vós – das pessoas confiadas à sua responsabilidade.

Dai as luzes da ciência a quantos procuram meios adequados para a saúde e vigor dos irmãos.

Sustentai quem se prodigaliza pelos necessitados: os voluntários, os enfermeiros, os médicos, que estão na linha da frente do tratamento dos doentes, mesmo à custa da própria incolumidade.

Abençoai, São José, a Igreja: tornai-a – a começar pelos seus ministros – sinal e instrumento da vossa luz e bondade.

Acompanhai, São José, as famílias: com o vosso silêncio orante, fortalecei a harmonia entre os pais a bem dos filhos, particularmente dos mais pequeninos.

Preservai os idosos da solidão: fazei que ninguém seja deixado na tristeza do abandono e do desânimo.

Consolai quem é mais frágil, *encorajai* quem vacila, *intercedei* pelos pobres.

Com a Virgem Mãe, *suplicai* ao Senhor que livre o mundo de toda a forma de pandemia.

Amen.

Papa Francisco

Guardião do Redentor

Salve, guardião do Redentor
e esposo da Virgem Maria!
A vós confiou Deus o seu Filho,
em vós colocou Maria a sua confiança,
convosco Cristo tornou-Se homem.
Ó bem-aventurado São José,
mostrai-vos pai também para connosco
e guiai-nos no caminho da vida.
Alcançai-nos graça, misericórdia e coragem,
e defendei-nos de todo o mal.
Amen.

Papa Francisco

Glorioso patriarca

Glorioso patriarca São José,
cujo poder consegue tornar possíveis as coisas impossíveis,
vinde em minha ajuda nestes momentos
de angústia e dificuldade.
Tomai sob a vossa proteção as situações tão graves
e difíceis que vos confio,
para que obtenham uma solução feliz.
Meu amado pai, toda a minha confiança
está colocada em vós.
Que não se diga que eu vos invoquei em vão,
e dado que tudo podeis junto de Jesus e Maria,
mostrai-me que a vossa bondade é tão grande
como o vosso poder.
Amen.

Recomendada pelo Papa Francisco, que a reza cada manhã

Consagração a São José

São José, a vós me consagro
para ser sempre vosso imitador,
vosso filho amável.
Tomai posse de mim,
fazei do meu corpo e da minha alma
aquilo que faríeis
do vosso corpo e da vossa alma,
para a glória de Jesus.
Também Ele Se confiou a vós,
e tão plenamente, que Se deixou levar
para onde julgáveis oportuno,
que vos tratou por seu pai
obedecendo-vos como o mais dócil dos filhos.
Sagrado Coração de Jesus,
obrigado por me terdes dado José como pai
e me terdes oferecido tudo o que tendes
e tudo o que sois.
Fazei que Vos restitua amor por amor:
Vo-lo peço por intercessão
e em nome de São José!

Beato Carlos de Foucauld

Glorioso São José

Glorioso São José,
cujo poder se estende a todas as nossas necessidades,
e sabeis tornar possíveis as coisas mais impossíveis,
volvei o vosso olhar de pai bom
sobre os interesses dos vossos filhos.
Nos problemas e aflições que nos oprimem,
recorremos confiadamente a vós!
Dignai-vos tomar sob a vossa amorosa proteção,
este assunto importante e difícil,
causa das nossas preocupações.
Amen.

São Francisco de Sales

O nome de São José, conforto dos mortais

Atraí-nos a vós, amabilíssimo São José,
e nós vos seguiremos!
Anjos do Céu, Santos e Santas do Paraíso,
que vos alegrais quando ressoa na Cidade Santa
o nome amável de José,
ensinai-nos a estima que por ele devemos ter
e o respeito com que o devemos pronunciar!
O vosso nome, São José, alegria do Céu,
é a honra da terra, o conforto dos mortais:
revigora os extenuados, consola os aflitos,
cura os enfermos,
enternece os corações endurecidos,
ajuda nas tentações, liberta das ciladas do demónio,
alcança toda a espécie de bens a quem o invoca
e partilha da força dos santos nomes de Jesus e Maria.
Que um nome tão lindo seja escrito
com carateres de estrelas na abóbada do firmamento,
para ser visto e pronunciado por todo o mundo!
Seja esculpido pelo nosso amor,
para que o amem e honrem todos os homens!
Esteja na minha boca e no meu coração!
Amen.

Beato Bártolo Longo

Louvor a São José

Se a glória dos Santos no Céu
é proporcional aos seus méritos
e às graças recebidas na terra;
se Jesus Cristo promete recompensa eterna
a quem dá a um pobre um copo de água em seu nome;
então a que grau de glória havereis sido elevado
junto de Deus, vós ó São José,
que fostes enriquecido de tantas graças
e de perfeição inatingível à mente humana?
Que recompensa não tereis recebido
da liberalíssima mão de Deus
vós que tantos carinhos prestastes a Jesus Cristo,
não como nós, na pessoa dos pobres,
mas à sua própria pessoa
e à pessoa da sua Mãe divina?
Como deve ser grande o vosso poder no Céu,
se já na terra destes ordens ao Filho de Deus
e O vistes, durante trinta anos,
submisso ao menor dos vossos acenos!
Ó meu excelso Protetor,
na presença do Céu e da terra, eu o confesso:
vós ocupais um lugar muito alto junto de Jesus e Maria.
Todo o Paraíso canta a vossa glória
e presta homenagem às augustas qualidades
que vos exaltam acima de todas falanges angélicas.
Permiti que, deste vale de lágrimas,
elevemos o olhar para o trono sublime

onde estais sentado,
e unamos as nossas vozes ao coro dos espíritos
bem-aventurados
para exaltar as vossas grandezas,
honrar as vossas virtudes
e implorar a vossa poderosa proteção.
E vós, confirmai nos nossos corações
a fé, a esperança, a caridade
para que, depois de vos ter amado
e servido fielmente nesta vida,
possamos continuar a bendizer-vos
por toda a eternidade
com Jesus e Maria no Céu.
Amen.

Beato Bártolo Longo

Prostrado a vossos pés

Prostrado a vossos pés, ó grande Santo,
venero-vos como pai do meu Senhor e meu Deus,
como chefe daquela Família sagrada
que é objeto das complacências
e delícias da Santíssima Trindade.
Que glória, para vós, ser pai dum Filho
que é o Unigénito de Deus!
Mas que ventura, a nossa,
pensando que sois também pai para nós
e nós somos vossos filhos.
É verdade! Somos vossos filhos
porque irmãos de Jesus Cristo,
que quis ser chamado vosso Filho;
e, como tal, temos direito à ternurado vosso coração paterno.
Esta ternura e bondade,
imploramo-las no vosso nome ao adorável Jesus,
tão querido e grato ao vosso coração.
Dignai-vos, pois, acolher-nos!
Tomai-nos sob a vossa proteção!
Fazei-nos amar a santa pobreza, a paciência, a prudência,
a benignidade, a modéstia, a pureza,
e sede nosso refúgio e abrigo em todas as nossas penas,
em todas as nossas necessidades
nos dias da nossa vida e na hora da nossa mortc.
Amen.

Beato Bártolo Longo

Ó excelso São José,
que fostes escolhido por Deus para o mistério mais sublime
que se possa confiar a uma criatura,
vós sois o anjo da pureza, lírio eleito de virgindade,
pelo que o próprio Deus Se compraz em chamar-vos pai
do seu Unigénito,
e vos transmite os seus direitos.
Aquele que criou todos os corações dos homens,
colocou em vós um coração de pai
e ao mesmo tempo deu a Jesus um coração
de filho para convosco.
Ó bem-aventurado São José,
sede um pai também para mim!
Sede pai para todos aqueles
a quem Jesus amou até ao ponto
de Se tornar seu irmão!
Eu me prostro a vossos pés com todo
o afeto da minha alma,
suplicando que aceiteis a oferta que vos faço
do meu coração,
para que o torneis puro
e assim o apresenteis, vós mesmo, a Jesus vosso Filho,
a quem o consagro para sempre e sem reservas.
Suplicai-Lhe que tire deste miserabilíssimo coração
o pecado,
o amor ao prazer e tudo quanto Lhe desagrada;
que o inflame com o fogo sagrado do seu santo amor,

que o adorne com todas as virtudes
de que nos deu exemplos tão admiráveis
o seu adorável Coração
para que, possuindo-o Ele desde já,
possa reinar nele para sempre no tempo
e na eternidade!
Amen.

Beato Bártolo Longo

Salve São José, imagem de Deus Pai.
Salve São José, pai de Deus Filho.
Salve São José, templo do Espírito Santo.
Salve São José, amado da Santíssima Trindade.
Salve São José, colaborador fidelíssimo
    do desígnio divino.
Salve São José, digno esposo da Virgem Mãe.
Salve São José, pai de todos os fiéis.
Salve São José, guardião de quantos abraçaram
    a santa virgindade.
Salve São José, fiel observador do silêncio sagrado.
Salve São José, amante da santa pobreza.
Salve São José, modelo de mansidão e paciência.
Salve São José, espelho de humildade e obediência.
Vós sois bendito entre todos os homens.
E benditos sejam os vossos olhos
    por terem visto o que vós vistes.
Benditos sejam os vossos ouvidos
    por terem escutado o que vós escutastes.
Benditas sejam as vossas mãos
que tocaram o Verbo encarnado.
Benditos sejam os vossos braços
    por sustentarem Aquele que sustenta todas as coisas.
Bendito seja o vosso peito
    no qual repousou suavemente o Filho de Deus.

Bendito seja o vosso coração inflamado
  do mais ardente amor por Ele.

E bendito seja o Pai Eterno que vos escolheu.

Bendito seja o Filho que vos amou.

Bendito seja o Espírito Santo que vos santificou.

Bendita seja Maria, vossa Esposa,ue vos amou ternamente
  como um esposo e um irmão.

Bendito seja o Anjo que vos serviu de guardião.

E benditos sejam quantos vos amam e bendizem.

Amen.

São João Eudes

Lembrai-vos de nós

Lembrai-vos de nós, São José, intercedendo em nosso favor junto do vosso Filho putativo e tornando-nos propícia a Virgem Santíssima, vossa Esposa, que é a Mãe d'Aquele que vive e reina com o Pai na unidade do Espírito Santo. Amen.

São Bernardino de Sena

São José, esposo de Maria Santíssima, Mãe de Jesus e Mãe da humanidade, que quis a nossa Itália juncada de santuários seus e sempre a contemplou com o mesmo amor de predileção com que a olhou Jesus, escolhendo-a para sede estável do seu Vigário na terra, o Papa:
hoje nós vos consagramos e confiamos esta amada Itália e as suas famílias.
Guardai-a, defendei-a, protegei-a!
Seja pura a sua fé;
sejam santos os pastores;
abundantes as vocações;
seja sagrada e, como tal, defendida a vida;
sejam sãos os costumes;
regulares, as famílias;
cristã, a escola;
clarividentes, os governantes;
e por todo o lado reine amor, justiça e paz.
Ó diligente Guardião da divina Família, guardai, defendei, protegei os nossos jovens, esperança dum mundo melhor, e os idosos, raízes da nossa fé e mestres de vida.
Com a vossa poderosa intercessão, unida à da vossa santíssima Esposa, Alcançai-nos homens novos que tenham a coragem de ab-rogar as leis iníquas contra Deus e contra o homem, herdadas dum triste e sombrio passado.
Com a vossa proteção, ó São José, continue a Itália a ser centro vivo de civilização cristã, farol de luz evangélica

para todo o mundo, terra de santos para glória do Pai celeste e salvação de todos os homens.

E, como outrora fizestes escapar o Menino Jesus da morte que O ameaçava, assim defendei a Santa Igreja de Deus e a fé das nossas famílias de todas as obscuras ciladas do mal.

Jesus, José e Maria, abençoai, protegei, salvai a Itália! Que ela volte, com a vossa ajuda e «pela vossa intercessão», a abrir as portas a Cristo.

Amen.

Estêvão Lamera

Ó bem-aventurado São José, que Deus escolheu para ser chamado e desempenhar a função de pai para com Jesus, que fostes dado por Ele como castíssimo esposo a Maria sempre Virgem e como chefe da Sagrada Família na terra, a vós que o Vigário de Cristo escolheu como Padroeiro e Advogado da Igreja Universal, fundada pelo próprio Cristo Senhor, imploro com a maior confiança o vosso poderoso auxílio na luta que esta mesma Igreja trava sobre a terra.

Com uma particular solicitude e aquele amor verdadeiramente paterno que vos abrasa, protegei – vos suplico – o Romano Pontífice, todos os bispos e sacerdotes unidos à Cátedra de Pedro.

Sede o defensor de quantos penam para salvar as almas angustiadas e mergulhadas nas adversidades desta vida.

Fazei que as pessoas se submetam de boa vontade à Igreja, meio absolutamente necessário para obterem a salvação.

Dignai-vos, São José, aceitar o dom que vos faço, pois me entrego completamente a vós, pedindo que sejais sempre para mim pai, protetor e guia no caminho da salvação. Dai-me um coração puro, um amor ardente pela vida interior. Fazei que eu próprio siga os vossos passos e oriente todas as minhas ações para a maior glória de Deus, comungando dos afetos do Sagrado Coração de Jesus e do Imaculado Coração da Virgem Mãe.

E no fim intercedei por mim para que, participando da mesma paz e alegria que outrora gozastes vós, possa ter uma morte santa.
Amen.

Dulcíssimo São José

Dulcíssimo São José,
pai amoroso de quem confia em vós,
hoje e sempre, me consagro ao vosso coração,
«todo» ele de Jesus Cristo e de Maria.
Ensinai-me o abandono à Providência,
o tesouro do silêncio,
a total submissão e doação a Deus.
Enchei-me da vossa «paixão» por Jesus,
da vossa «ternura» por Maria.
A vossa mão me conduza pelas sendas de Cristo,
para poder viver em plenitude o meu Batismo.
Alcançai-me a graça de ser consolador de quem chora,
amparo de quem está sozinho,
guia que indica o caminho do Evangelho.
Protegei-me dos ataques do maligno,
sede escudo seguro nas tentações
e acolhei-me para sempre no vosso coração de pai
com todos aqueles que se recomendam às minhas orações,
particularmente (*** *o nome*).
Dulcíssimo São José, tudo para a glória do Pai, do Filho
e do Espírito Santo!
Amen.

Ó São José

Ó São José, cuja proteção é tão grande e vigorosa,
com acesso tão imediato ao trono de Deus,
confio-vos todos os meus desejos.
Com a vossa poderosa intercessão, São José, assisti-me
alcançando-me todas as bênçãos espirituais
através do vosso Filho adotivo,
Jesus Cristo nosso Senhor,
para que, depois de me ter confiado
ao vosso poder sobre a terra,
vos possa dirigir o meu agradecimento
e a minha homenagem.
São José, não me canso de contemplar-vos, a vós
e a Jesus dormindo nos vossos braços,
e não ouso aproximar-me de vós
enquanto Ele descansa junto do vosso coração.
Abraçai-O em meu nome
e beijai a sua terna fronte por mim
e pedi-Lhe para me retribuir este beijo
quando exalar o meu último suspiro.
Amen.

Para levar uma vida santa

São José, pai virginal de Jesus, esposo puríssimo da Virgem Maria, rogai por nós todos os dias, para que, munidos com as armas da graça de Jesus, Filho de Deus, e lutando como se deve na vida, sejamos por Ele coroados na morte.
Amado Jesus, José e Maria,
meu coração vos dou e a alma minha.
Amado Jesus, José e Maria,
assisti-me na última agonia.
Amado Jesus, José e Maria,
descanse em paz entre vós a alma minha.

Ó bom São José, ó meu terno pai, fiel guardião de Jesus, casto esposo da Mãe de Deus, eu vos peço e suplico que apresenteis a Deus Pai o seu Filho crucificado pelos pecadores.

No nome três vezes santo de vosso Filho Jesus, alcançai-nos do Pai Eterno a graça que vos solicitamos (*** *menção*). Pedi-Lhe misericórdia para os vossos filhos.

No meio dos vossos resplendores eternos, lembrai-vos das tristezas da terra; lembrai-vos dos que sofrem, dos que rezam, dos que choram. A nossa esperança é que, através das vossas orações e das orações da vossa santíssima Esposa, alcançaremos a resposta de Jesus.

Amen.

Para obter a concórdia familiar

São José, esposo de Maria, conhecestes como nós a vida familiar. O vosso amor, na sua reciprocidade, dirige-se naturalmente para o Filho de Deus que Se tornou vosso Filho. E, como nós, tivestes de fazer crescer o vosso amor no meio das alegrias e das dificuldades.
Hoje, São José, protegei a nossa família. Ajudai-nos a ser compreensivos. Concedei que os nossos sentimentos nunca se deixem ferir pelo orgulho ou o egoísmo. Tornai-nos cada vez mais fiéis às nossas tarefas segundo o ritmo dos nossos dias e possamos aproximar-nos do Filho de Deus sempre vivo no coração de todas as famílias. Amen.

Misericordioso São José, vós sois a esperança dos doentes e todo o poder de Jesus está nas vossas mãos. Por isso, nada há de impossível para vós. Escutai com benevolência aqueles que hoje vos invocam pelos membros sofredores da Igreja. Suavizai, nós vos suplicamos, as penas da pessoa que vos recomendamos de modo particular. Concedei-lhe a graça duma submissão total à vontade divina. Mas mostrai-lhe também a vossa bondade, comunicando-lhe a paciência e devolvendo-lhe a saúde, juntamente com a graça de levar uma vida santa e totalmente agradável a Deus.

Bom São José, não nos façais rezar em vão, mas dignai- vos, através desta nova graça, aumentar a nossa confiança e a nossa gratidão para convosco e para com a bondade divina. Amen.

Ó vós que nunca fostes invocado em vão! Vós que sois tão poderoso junto de Deus que se pôde afirmar «no Céu, mais do que suplicar, São José ordena», terno pai, rogai por nós; sede o nosso advogado junto daquele Filho divino, de Quem fostes, aqui na terra, pai putativo e fiel protetor; a todas as vossas glórias juntai a de vencer a causa difícil que vos confiamos. Acreditamos que podeis atender a nossa súplica, libertando-nos das penas que nos afligem. Acreditamos firmemente que nada negareis aos aflitos que vos imploram.

Prostrados humildemente a vossos pés, bom São José, nós vos suplicamos: compadecei-vos das nossas lágrimas; cobri-nos com o manto da vossa misericórdia e abençoai a todos nós.

Amen.

ÍNDICE

111

9 788826 605685